이 책에는 마음에 작은 불을 밝히고, 그 온기를 주변으로 퍼뜨리게 하는 이야기가 담겨 있다. 우리 아이들이 미래를 꿈꾸고 기대할 수 있도록 돕는 어른들의 이야기이며, 동시에 어른들을 성장시키는 빛나는 아이들의 이야기이다. 아이들과 어른들이 함께 만들어가는 점프 커뮤니티의 다정함이 무척 소중하고 감사하다.

— 김도연 | 코드닷오알지 아시아·태평양 총괄

점프의 사회인 멘토로 활동하며 나는 몰랐던 세계를 알게 되었다. 나에게는 친숙한 직장인 '국회'가 어떤 청년에게는 '꿈'의 장소일 수 있음을, 또 대학생들의 지식과 경험이 어떤 청소년들에게는 귀중한 지도가 될 수 있다는 것을. 점프는 그렇게 사회인인 나와 대학생 멘토와 청소년 멘티의 세계를 만들어 주었다. 모두가 서로에게 멘토이면서 멘티인 희한한 관계가 이어졌다. 나는 청년들을 만나 행복했고 청소년들의 고군분투를 보며 배웠다. 그 여정이 담긴 《우리 좋은 어른이 될 거야》를 소개할 수 있어서 더욱 행복하다. 이 기적의 선순환에 동참하는 이들이 많아지길 간절히 바라며 추천한다.

— 김성회 | 더불어민주당 국회의원

이 책을 읽는 내내 감정이 요동쳤다. 머리로만 알던 불평등한 교육 현실이 청소년들의 생생한 목소리에 실려 가슴에 아프게 꽂혔다. 그와 동시에 아름다운 사람들이 점프 안에서 함께 성장한 희망의 기록을 읽으니 반갑고 고마운 마음도 들었다. 이 책은 '나'의 이야기이기도 하다. 이 책 덕분에 '나는 과연 어떤 어른인가' 하는 질문을 마주하게 되었다. 다음 세대에게 보내는 진심 어린 응원이 더 나은 세상을 만들 수 있다고 믿는 모든 분에게 이 책을 건네고 싶다.

— 김참 | (주)와이비엠 상무이사

점프는 대학생과 사회인이 청소년을 돕는 삼각 멘토링 모델로, 그동안 수많은 사람들을 연결하며 선한 영향력을 퍼뜨려 왔다. 점프가 창립된 배경과 그간의 여정을 지켜본 나는, 이 공동체가 얼마나 잘 성장해 왔는지를 이번 책을 통해 다시금 느낄 수 있었다.
《우리 좋은 어른이 될 거야》는 점프의 멘토, 멘티, 후원자들이 만들어 온 감동적인 이야기들을 담고 있다. 점프와 인연이 있는 이들이라면 자신이 몰랐던 이야기들을 발견하게 될 것이고, 힘든 시간을 보내고 있는 청년과 청소년들에게는 따뜻한 위로와 용기를 전해줄 것이다. 또한, '좋은 어른'이 되고 싶은 사람이라면 누구든 이 책을 통해 점프의 활동에 동참해 볼 수 있다.
점프 10여 년 역사를 소중히 모은 이 이야기는 단순한 기록을 넘어, 더 나은 사회를 위한 실천의 출발점이 될 것이다. 아름다운 사람들이 함께 만든 이 책을 통해 더 많은 이들이 점프에 관심을 갖고, 서로 돕고 성장하는 기쁨을 나누길 바란다.

— 박선민 | 울산대학교 글로벌 인문학부 교수

2011년 미국 보스턴에서 점프에 관해 처음 대화를 나누었을 때, 이 작은 나무가 어떻게 커 나갈지 상상하며 행복해했던 기억이 난다. 이 나무는 이제 대한민국 너머의 세계로 뻗어가는 튼튼한 나무가 되었다. 《우리 좋은 어른이 될 거야》는 나의 삶을 누군가에게 나누고 함께 성장하며 나를 발견한 나무 같은 사람들의 이야기다. 아직 우리에게 희망이 있다는 증거가 바로 점프다.

- 박재홍 | CBS 〈박재홍의 한판승부〉 진행자

자본주의 사회에서 수익 없이 뿌리를 내리고, 지속적으로 자리를 지키는 일은 쉽지 않다. 좋은 변화를 만들겠다는 의지만으로는 버티기 어려운 현실에서, 많은 비영리 단체들이 뜻을 이루지 못하고 사라지는 안타까운 순간들을 자주 봐 왔다. 점프는 오랜 시간 동안 한결같이 청소년들과 대학생 멘토들이 뿌리를 내리게 도와주고, 날개를 달아주었다. 10여 년 전 점프와 인연을 맺은 후 지금까지 봉사를 이어오며 이 단체가 만들어내는 감동과 희망을 경험했다. 《우리 좋은 어른이 될 거야》는 점프가 쌓아온 노력과 가치를 담은 소중한 기록이다. 이 책을 통해, 세상을 더 나은 방향으로 바꾸려는 사람들이 끝까지 포기하지 않을 때 어떤 기적이 일어나는지를 확인할 수 있을 것이다.

- 박준우 | 브룩필드자산운용 대표이사

14년 전, 나는 단 20분의 설명만으로 점프의 멘토가 되기로 자원했다. 그러나 멘토링 활동에서 나는 멘토인 동시에 멘티였다. 점프는 멘토와 멘티가 한 방향이 아닌 양방향으로 유연하게 공존하는 희귀하고도 소중한 곳이다. 멘토와 멘티 모두가 더 좋은 어른으로 성장하는 의미 있는 일이 점프의 '삼각 멘토링 모델'을 통해 구현되는 것을 그동안 지켜봤다. 《우리 좋은 어른이 될 거야》는 그 시간의 기록이다. 14년 전의 내가 그랬던 것처럼 이 책에 담긴 이 위대한 이야기에 찬찬히 주목한다면 당신도 그 여정에 동참하고 싶어질 것이다.

- 박진수 | 콜로세움코퍼레이션 대표

《우리 좋은 어른이 될 거야》는 각자도생·약육강식의 시대를 거스르는 사람들의 이야기다. 지난 14년 동안 6천여 명의 장학샘과 이들이 4백만 시간을 쌓으며 응원한 청소년들, 장학샘과 청소년들을 지원해 준 사회인 멘토들의 이야기를 읽으며 마음속 선의의 물결이 일렁이는 걸 느낀다. 이 책을 읽고 '보이지 않던' 아이들이 보이게 된다면 당신은 선한 마음을 투자할 준비가 된 것이다. 동시에 인터뷰이들이 던지는 질문을 곱씹다 보면 마음이 한 뼘 자라는 경험을 하게 될 것이다. 좋은 어른이 되고 싶은 사람, 좀 더 나은 세상을 꿈꾸는 사람들에게 이 책을 추천한다.

- 심나리 | 한국맥도날드 CR담당 상무

더 좋은 세상이란 눈에 띄는 큰 변화가 아니라 우리 삶 속에서 은은하게 드러나는 작은 행동과 나눔을 통해 구현된다고 생각한다. 나는 그런 세상의 가능성을 점프를 통해 보고 있다. 서로 다른 배경을 가진 사회인 멘토, 장학샘, 청소년 멘티가 서로 성장하고 변화하는 모델을 만들며 더 좋은 세상으로 난 길을 먼저 걸어주어서 고맙다. 《우리 좋은 어른이 될 거야》를 통해 점프가 이미 걸어왔고, 앞으로 걸어갈 길을 더 깊이 이해할 수 있었다.

- 안지훈 | 소셜혁신연구소 이사장

좋은 어른이 되는 건 쉽지 않다. 주변에 좋은 어른이 있어야 희망해 볼 수 있는 일인데 우리 사회는 그런 기회마저 불평등하다. 이런 현실은 배우며 성장을 도모해야 할 청소년들에게 더욱 뼈아픈 일이다. 점프가 이런 문제를 다 해결할 수는 없겠지만, 문제가 무엇이고, 어떤 방법을 통해 해결할 수 있는지 고민하며 실천하는 단체이기에 응원한다. 좋은 어른을 만나며 "좋은 어른이 될 거야"라고 다짐하는 청소년과 청년, 그들에게 좋은 어른이 되어주며 더 좋은 어른이 되어가는 이들이 많아지길 바라며 이 책을 추천한다.

- 이석호 | 아이스크림아트 대표

기업의 CSR 담당 임원이자 점프의 후원자로서 점프가 걸어온 길을 가까이에서 지켜봐 왔다. 이 책을 통해 한 사람 한 사람의 마음에 심긴 작은 씨앗이 커다란 나무로 성장하는 과정을 생생히 느낄 수 있었다.

점프는 지난 14년 동안 청소년들에게 배움의 기회를 선물하며, 단순한 학습 지원을 넘어 '삶을 바꾸는 만남'을 만들어 왔다. 이 여정에 동참하는 장학생과 사회인 멘토들은 각자의 자리에서 사랑의 선순환을 이어가고 있다.

이 책은 점프가 일궈온 변화의 기록이자, 함께 써내려가는 희망의 이야기다. 점프가 만들어가는 길에 더 많은 '좋은 어른들'이 함께할 수 있기를 진심으로 응원한다.

- 이혁노 | 현대차그룹 지속경영기획실 상무

점프의 첫 숨소리가 들리던 순간부터 이 아름다운 여정을 지켜봤다. 때로는 멘토로 함께 걸었고, 때로는 멀리서 나날이 성장하는 모습을 지켜보며 뿌듯해했다. 청소년들이 수많은 장벽을 넘어 자신만의 높이로 비상하는 꿈이 현실이 되기 위해서는 교육이라는 날개와 희망이라는 순풍, 밝은 영혼이라는 등대가 필요하다. 《우린 좋은 어른이 될 거야》는 불평등의 그늘을 헤치고 멘티와 멘토들이 함께 성장하도록 그 셋을 연결해 온 기록이다. 또한 이 책은 단순한 기록을 넘어, 우리의 마음을 울리는 시이며, 더 나은 세상을 향한 약속이기도 하다. 이 책을 읽은 모든 이들이 더 따뜻하고 성숙한 어른으로 한 걸음 더 성장하길 기대하며 추천한다.

- 임형준 | 유엔세계식량계획(WFP) 말라위 사무소장

나만을 위해 살아가는 사회라지만 여전히 남을 돕는 사람들이 있고, 그들에게서 힘과 위로를 받고 성장하여 언젠가는 남을 돕는 사람이 되고야 마는 사람들이 있다. 《우린 좋은 어른이 될 거야》는 그런 사람들의 존재를 알려준 책이다. 어려운 상황에서도 청소년들 곁에서 희망을 찾아내고, 만들고, 함께 성장한 이야기를 읽으며 위안을 받았다. 그리고 '나는 좋은 어른인가?'라고 질문하며 정말 좋은 어른이 되고 싶다고 고민하기 시작했다. 세상이 왜 이토록 각박해졌을까, 우리 사회는 왜 이렇게 되었을까 한숨 섞인 생각을 하는 모든 이들에게 권한다. 이 책에 담긴 이야기를 통해 가슴속에서 무언가 꿈틀하는 것을 느낄 수 있을 것이다.

- 장연실 | 비소사이어티 부대표

2014년 4월, 내가 운영하던 전문가 커뮤니티에 이의헌 창립자를 초청하여 점프의 이야기를 들었다. 당시 참석자들은 점프 모델의 필요성에 공감하면서도 그 지속가능성에는 우려 섞인 물음표를 찍었다. 점프는 그런 우려를 가뿐히 물리치고 해를 거듭할수록 의미 있는 사회적 가치를 창출하고 있다. 점프는 함께 나누고 성장하는 커뮤니티로 자리 잡았다. 사회인 멘토도, 장학샘도, 멘티도 서로에게 배운다. 많은 사람들이 안 될 거라 했던 일을 보란 듯이 해낸 비결을 이 책을 읽으면 알 수 있다.

— 정진영 | (사)임팩트확산네트워크 이사장

하나의 일에 진심을 담아 오래 하는 일은 쉽지 않다. 점프는 그 어려운 일을 15년 동안 해온 단체다. 이 책에는 대학생과 청소년이 '교육 멘토링'이라는 이름으로 엮여 함께 좋은 어른으로 성장해 간 이야기가 생생하게 담겨 있다. 또한 교육 불평등 문제를 해결하기 위한 점프의 노력이 담겨 있다. 우리 사회의 교육 불평등 문제를 당장 드라마틱하게 해결할 수는 없을 것이다. 하지만 포기하지 않고 담담하게 청소년들을 응원하는 이들이 많다면 우리는 새로운 희망의 길을 만들 수 있을 것이다. 그런 좋은 어른들이 점점 많아지기를 희망하며 이 책을 추천한다.

— 최준근 | 서울장학재단 사업운영부장

세상이 점점 발전하고 있다지만 어떤 영역은 오히려 퇴보하는 것 같다고 느낄 때가 있다. 나에게는 한국 교육이 그렇다. 내가 청소년이었던 20년 전에도 교육 불평등 문제가 심각했는데 지금은 그 격차가 더욱 벌어져 그 운동장은 훨씬 더 기울어져 있다. 《우리 좋은 어른이 될 거야》에서 청소년 멘티들과 장학샘들의 이야기를 읽으며 나는 다시금 희망을 느꼈다. 점프가 일으키고 있는 변화의 물결에 힘을 보태는 이들이 많아지고 그 영향력이 더 널리 퍼져나가기를 기대한다.

— 허재형 | 루트임팩트 대표

점프 커뮤니티에서 만난 학생들의 따뜻한 마음과 실천력을 보며 늘 스스로를 돌아본다. 그 과정에서 나 역시 많은 이들의 도움과 은혜 가운데 살아왔다는 걸 깨닫곤 한다. 단지 돌아봄과 깨달음에서 그치는 게 아니라 받은 사랑을 나누고 흘려보내는 '좋은 어른'이 되기를 나는 바란다. 서로를 향한 관심과 섬김, 성장의 선순환을 만들어가는 점프의 여정에 깊은 감사와 응원을 보태며 이 책을 추천한다.

— 홍석종 | 제이피모건체이스은행 금융시장운용부 본부장

우린 좋은 어른이 될 거야

우린
좋은 어른이
될 거야

점프 엮음
인터뷰 강승민

불평등의 최전선, 교육 현장으로 들어간 한 소셜벤처의 실험과 가능성

옐로브릭

교육 현장에서 본 점프

교육의 테두리를 넓히는 상상력을 만나다

강솔(고림초등학교 교사)

2018년 초 한 책모임에서 점프 이의헌 창립자를 처음 만났다. 처음 발령받은 학교에서 6년 근무를 마치고 두 번째 학교에서 근무할 때였다. 이전 해인 2017년, 나는 학생들과 헤어질 날을 디데이까지 설정해 놓고 기다리고 있었다. 평생 다시는 마주치고 싶지 않은 몇몇 학생들이 여전히 생생하게 기억날 정도로 그해는 교사 생활 중에도 손꼽게 힘들었다. 첫 학교에서는 경험해 보지 못한 레벨이었다. 거의 매일 무력감을 느꼈다. 내가 여기 왜 있는 걸까, 교육이 어떤 의미가 있을까. 존재론적이고 본질적인 물음이 끝없이 이어졌지만, 확실한 답을 얻지 못하고 1년이 끝났다. 1년이란 시간이 정해져 있다는 사실이 그때만큼 기쁜 적도 없었지만, 그런 마음으로 가르치는 일을 하는 나에게 죄책감도 많이 느꼈다.

직업인으로서 넘어지기를 반복했던 2017년이 마냥 탁한 색으로 기억되지 않을 수 있었던 가장 큰 이유는 나와 많은 시간을 보내준 친구들 덕분이다. 교사로서 채우지 못한 만족감이 인간 강솔에게도 타격을 가해 올 때 그 공격을 막아설 힘은 나를 아껴준 사람들의 애정을 먹고 생겼다. 내가 나로 존재할 수 있는 자유와 안정감은 큰 위로이자 내일을 두려워하지 않을 용기로 치환돼 교실 속의 나를 덜 외롭게 했다. 내일을 두려워하지 않을 용기. 그 시절의 내게 가장 필요한 힘이었다.

좋은 사람들 덕분에, 반복되는 무력감 속에서도 뭐라도 해보자고, 주저앉아 있기만 하면 안 된다고 스스로를 독려할 수 있었다. 그 힘이 가장 필요했던 시기에 충분히 받고 일어설 수 있었던 감사와 행운에 이제 와 이름을 붙여본다면 '돌봄'이다. 평생 잊지 못할 귀한 사랑을 흠뻑 받은 사람은 결코 이전으로 돌아갈 수 없다는 걸 그때 나는 깨달았다.

하지만 학교로 돌아오면 해결되지 못한 문제는 그대로였다. 누구에게나 충분한 돌봄이 가닿지 못하는 현실이 보였다. 우리 반만 봐도 생계를 책임지느라 자식에게 신경 쓸 여력이 없는 보호자들이 많았다. 그 보호자들의 무관심 속에 잘못을 반복하며 무리 지어 범죄를 저지르고 혐오 발언과 성적 불쾌감을 주는 언행을 일삼는 학생들이 너무도 많았다. 사회적으로 이런 문제가 터지면 늘 '교육이 문제다, 제대로 된 교육이 필요하다'로 귀결되곤 하는데 교육을 잘 한다는 것이 무엇인지, 학교교육과정이 과연 적절한 해결책이 될 수 있는지, 현장에 있는 나는 자주 머리에 물음표가 떴다.

그 무렵 이의헌 창립자와 함께한 모임의 주제는 '교육 격차를 해결하기 위해 어떤 노력을 할 수 있을까'였다. 내 물음표를 느낌표로 바꿔 줄 열쇠를 발견할 수 있을 거란 희망으로 찾아간 모임에서 점프를 알게 됐고 점프의 제안으로 'H-점프스쿨 장학샘 보수교육'을 맡은 후 그 인연이 지금까지 이어졌다. 그 모임에서는 확실한 열쇠를 찾지 못했지만 점프와 함께하면서 보게 된 것들이 있다. 이 글을 써달라는 제안을 수락한 이유는 내가 점프의 테두리에서 실제로 보고 배운 것들에는 분명 큰 힘이 있다는 증언에 조금이나마 힘을 보태고 싶기 때문이다.

학교에서 경험하는 대부분의 어려움은 교실 밖에 존재하는 문제가 교실 안으로 들어올 때 생긴다. 교사의 개입으로 해결할 수 있는 문제는 그리 큰 어려움이 아니다. 그건 늘 존재하는 일이고 갈등 상황을 마주하고 해결하는 능력을 키우는 것은 학교의 가장 큰 존재 이유이기도 하다. 하지만 교실 밖의 문제(학생의 생존과 돌봄에 직접적인 영향을 미치는 문제)는 보호자와 함께 해결해야만 하는데 보호자에게 그럴 의지와 여력이 없다면 가족 내에서 가장 약자인 학생이 받는 피해는 너무나 크고, 이는 그의 학교생활 전반에 영향을 끼친다.

물론 학교라도 최선을 다해 노력한다면 변화가 가능하겠지만 이는 뚜렷한 한계가 있다. (변명 같아서 하고 싶지 않은 말이지만) 교사가 살펴야 할 학급당 학생 수는 너무 많고 모든 학생에게 골고루 관심을 쏟는 것은 현실적으로 불가능하다. 그 때문에 교사와 학생이 서로 무력감을 느끼는 상황은 계속 발생한다. 교육의 테두리를 학교 밖으로 더 넓힐 수 있다면 어떨까? 이러한 상상력의 확장이 교육의 힘을 키우는 중요한 일이다. 감사하게도 그 상상력을 실천하려는 이들 곁에 점프가 있다.

"한 아이를 키우려면 온 마을이 필요하다"는 말이 있다. 교사로서, 교육 현장에 있는 사람으로서 가장 깊은 고민을 해야 하는 게 맞지만, 교사들의 고민만으로는 근본적인 해결책을 만들어낼 수 없다. 교육이 사회에 그렇게 중요한 것이라면 사회가 함께 머리를 맞대야 한다. 가정의 보호자가 아이를 잘 돌볼 수 없는 경우 가정에만 책임을 돌린다고 해서 문제가 해결되지 않는다. 그럴수록 가장 시급하게 도움받아야 할 청소년들을 위해 '온 마을'이 함께 고민해야 한다. 점프는 이 일을 실천하고 있다. 이 책을 통해 점프의 지난 역사를 짚어보며 행동에서 나온 구체적인 언어에는 힘이 있다고 생각했다. 어떤 수려하고 멋진 말보다 투박하고 진심이 담긴 실천의 언어가 주는 강인한 힘과 깊은 아름다움이 인터뷰를 읽는 내내 느껴졌다.

장학샘(점프에서 교육 봉사를 하는 대학생을 일컫는 말)들은 청소년들을 지도하며 '좋은 어른'이란 무엇일까를 고민하고 그들 곁에 어떻게 서 있으면 좋을까를 계속해서 자신에게 질문한다. 청소년들은 학교나 가정에서 채우지 못한, 그러나 그들에게 절실하게 필요한 애정과 돌봄을 장학샘에게 받으며 삶의 이유와 목적을 새로이 설정하고 내일을 두려워하지 않을 용기를 얻는다. 장학샘 박성학이 지도했던 권혜승은 자신감을 가지고 다른 친구들을 챙기는 사람으로 자랐다. 교사를 희망했던 성학쌤은 진로를 바꿨지만, 아이들을 가르치고 싶다는 꿈은 계속 간직하며 좋은 어른으로 살겠다는 다짐을 삶에서 구현하고자 노력한다. 얀추 헬레나는 핏줄 하나 섞이지 않았지만, 지금의 자신을 가장 걱정하고 곁을 내어주는 고마운 사람들로 인해 내일을 기대하고 나아갈 힘을 얻었다. 장학샘 김은지는, 처음에는 학생들에게 무엇을 내어줄 수 있을까 고민하며 시작했지만, 이 일은 일방적인 관계가 아니며, 우리는 어떻게든 서로에게 영향을 미치는 존재라는 것을 점차 깨달아 간다.

이 글을 쓰며 2017년의 일기를 찾아봤다.

2017년 11월 9일

학교에서 아이들을 집단으로 만날 때 개개인의 특성을 면밀히 살필 시간이 부족하고, 단체로 하나의 목표를 향해 가야 할 상황이 많다 보니 이에 반하는 행동을 하는 아이들은 쉬이 편견의 굴레를 쓰게 된다. 이를 경계하고 중심을 잡으려 늘 노력하지만 인간을 진심으로 이해하려 노력하고 있는 그대로 수용하는 일은 아직 참 어렵다. 그러나 이제 이것 하나는 안다. '그럼에도 불구하고 나는 너를 좋아해'가 갖는 힘을. 아이들은 어른들이 보여주는 애정의 정도를 기똥차게 판단해 낸다. 그리고 그 애정은 말보다는 손길에, 눈빛에, 행동에 고스란히 담겨있음도. 다사다난한 학교 생활 속에서, 내 진심이 통했다 싶은 어떤 날에는 '그래! 이거면 됐지 뭐가 더 필요하겠나. 사랑이 고픈 아이들에게' 하고 생각하지만, 그래도 이 주문은 놓지 않으려 한다. '나는 널 믿어. 때론 너의 행동이 나를 속상하게 하지만 그건 너의 행동이지 네가 아니야.' 진심은 통할 거다. 지금도 통하고 있…어.

교사를 하면서 가장 많이 느끼는 점은 어떻게 '좋은' 교사가 될 수 있을까를 고민하는 일은 곧 '좋은 어른'에 대한 물음과 같다는 것이다. 앞으로 정신없이 나아가기만 해서는 좋은 어른이 될 수 없었다. 끊임없이 뒤를 돌아볼 줄 알아야 했고, 내가 어떤 사람인지 이해하고 설명할 시간이 필요했으며, 특정 영역만 발전시켜서는 안 되는, 결국 삶을 직면하는 작업을 해야만 하는 너무나도 고달픈 수행의 길이었다. 이 작업을 놓지 않아야 어제보다 조금은 더 나은 사람이 될 기회를 얻는다. 학생들은 교사가 가르치는 지식보다 교사가 어떤 시선과 태도로 세상을 바라보는가를 통해 자신을 들여다보며 자기에 대한 믿음을 키워나가기도, 저버리기도 한다. 그들 곁에 필요한 사람은 어쩌면 확신을 가진 어른보다는 스스로를 의심하며 틀릴 수 있다는 가능성을 열어두고, 자신을 인간 대 인간으로 대하며 진짜 대화를 할 수 있는 삶의 친구 아닐까.

점프는 '나눔의 선순환'을 주요 모델로 삼고 있다. 이는 H-점프스쿨 장학생 면접 심사를 보면 반드시 나오는 말 중 하나다. 청소년-대학생-사회인으로 구성된 멘토링 시스템을 통해 자신이 받은 것을 나누고 서로에게 기여할 기회를 제공한다. 나는 이것이 '돌봄의 선순환'이라고도 생각한다. '돌봄'은 너의 삶에 나의 시간과 마음을 내어주고 너의 어두운 그림자 속에서도 도망가지 않겠다는 용기 있는 다짐이자 행동이다. 누군가를 진심으로 돌본 경험이 있는 사람은 타인을 함부로 판단하거나 어떤 관계를 쉽게 규정하고 놓아버리지 않는다. 그들에게는 존재와 관계의 불완전함을 이해할 역량이 있다. 그렇기에 충돌을 피하지 않고 보듬고자 노력하는 성실함이 있다.

장학샘들은 1년 동안 학생들과 지속적인 관계를 맺으며 그들의 삶을 돌보고 자신의 삶도 지켜나가는 일을 병행한다. 이 과정은 내 삶에 나만 존재한다면 절대 해낼 수 없는 일이다. 내 삶에 타인을 초대해야만 가능한 이 고단한 행위를 자청한 이들에게 '좋은 어른'이란 그리 먼 일 같지 않아 보인다. 보수도 적고 몸과 마음이 아픈 온갖 어려움 속에서도 누군가 애써 들여다보지 않으면 전혀 안 보이는 아이들의 삶을 위해 고군분투하는 학습센터 선생님들 역시 눈물 나는 돌봄의 실천을 보여 준다. 단원고 멘토링 현장 이야기에서는, 말도 안 되는 국가적 재난으로 무너질 것 같은 위태로운 상황에서도 어떻게든 자신의 삶을 놓고 싶지 않은 학생들을 위해 기꺼이 시간과 마음을 내어 함께한 이들을 보았다. 내 부족한 언어로는 충분히 표현하기 힘든 일이었다.

지난 15년 동안 점프 프로그램에 참여한 청소년 멘티, 대학생 봉사자들이 3만 명이 넘는다고 한다. 점프가 계속 힘을 내어 돌봄의 선순환을 통한 교육의 테두리를 더욱 확장해 가리라 믿는다. 짧지 않은 시간 동안 점프를 지켜본 나는 점프가 외치는 바를 마음으로 믿는 사람이 됐다. 그 결과물인 이 책을 읽으며 더 믿고 싶어졌다.

내가 좋아하는 영화 중 하나인 〈원더〉에는 이런 대사가 나온다. "옳음과 친절 중 하나를 선택해야 한다면, 친절을 선택하라." 교육과 돌봄은 일상에서 실천할 수 있는 행위이다. 우리가 조금만 상대에게 친절할 수 있다면, 상대를 타인의 영역에 두지 않고 내 세계에 초대할 용기를 갖는다면, 점프가 말하는 가치에 동의하고 함께할 수 있다면 우리의 미래에 좀 더 희망을 실어볼 수 있을 것이다.

기회가 모두에게 같지 않다는 걸 깨달은 순간부터

이의헌 창립자

저는 한국이 차츰 성장하던 시기인 1970년대에 서울에서 태어나 민주주의 제도가 자리 잡으며 경제적으로 성장하던 1980년대와 1990년대에 학창 시절을 보냈습니다. 교육은 물론이고 사회, 경제, 문화 모든 면에서 많은 기회를 누린 셈입니다. 성실하고 다정한 가족과 좋은 선생님들 덕분에 부족함 없이 성장해 충분한 교육을 받고 사회인이 되었습니다.

비록 어려운 시절을 거치긴 했지만, 한국 사회는 비교적 압축적 성장을 이룬 국가입니다. 국세청 자료에 따르면 2023년 한국 근로자의 세전 연소득 상위 50%와 25%는 각각 약 3,200만원과 약 5,900만원입니다. 이 정도 소득은 세계불평등데이터베이스 자료 기준으로 각각 세계 상위 10%와 3-5% 수준으로 이제 한국은 문화, 경제, 사회 모든 면에서 선진국으로 성장했습니다.

성장이 가파를수록 그늘도 짙습니다. UN의 〈2025 세계행복보고서〉에 따르면 한국은 OECD 38개국 중 33위에 머문 불행한 사회이기도 합니다. 좁은 땅에 경제적 풍요를 누리는 계층, 상대적 박탈감에 빠진 이들, 절대적 빈곤에 처한 이들이 공존합니다. 그리고 풍요와 빈곤의 격차는 점점 벌어지고 있습니다.

'1등 복권을 가지고 태어난 사람'처럼 기회를 누린 사람임과 동시에 사회적 불평등이 심화되어 가는 사회에서 허리 역할을 하는 세대로서, 제가 사회, 특히 교육 문제에 관심을 가지게 된 것은 어쩌면 당연한 일일지도 모릅니다. 대학 졸업 후 운 좋게 이주노동자로 미국에서 이민자의 삶을 살기 시작한 것이 결정적 계기가 되었습니다.

그래서 점프를 시작했습니다.

LA 미주한국일보에서 기자로 일하면서 세상을 좀 더 넓고 깊게 볼 수 있었습니다. 120년 전 빼앗긴 조국을 떠나 미국에서 가난과 싸우며 멸시받으면서도 자녀 교육과 독립 운동에 헌신한 초기 한인 이민자들, 아프가니스탄 전쟁의 폐허 속에서 생존이 꿈인 청년들과 배고픔에 죽어가던 어린이, 한국 사회의 차별과 그 차별의 대물림 때문에 미국에 망명을 신청한 북한이탈주민들을 만나며 우리가 얼마나 운이 좋은 사람인지 머리와 가슴으로 배울 수 있었습니다.

내가 선택하지 않은 외부 환경에 의해 삶이 결정된 수많은 사람들을 보면서 이 문제에 도전해 보고 싶다는 생각이 들었습니다. 운 좋게 하버드 케네디스쿨에 진학했고, 정답이 없는 질문 속에서 2년을 보내며 내가 지금 할 수 있는 일이 무엇인지 깊이 고민했습니다. 그 과정에서 미국의 비영리조직인 '티치포아메리카Teach For America'와 '시티이어 City Year', '빅브라더스빅시스터스Big Brothers Big Sisters of America' 등을 알게 되었고, 한국에 돌아가 교육 기회의 불평등을 해결해 보자는 꿈을 꾸게 되었습니다.

처음에는 '티치포아메리카'(TFA)를 한국에 도입하려 했습니다. TFA는 낮은 보상 등으로 인해 양질의 교사가 부족해 학력 수준이 낮은 지역의 공립학교에 명문대 졸업생이 임시 교사로 취업해 최소 2년 동안 교사로 재직하며 공교육의 격차를 해결하는 모델입니다.

하지만 대학생이 학교 정교사로 취업하는 미국식 모델은 한국 실정에 맞지 않아 다른 솔루션을 찾아야 했습니다. 그래서 졸업 논문으로 점프를 구상했습니다. 농촌 운동과 야학부터 시작해 정부와 기업의 대학생 봉사단까지 수많은 교육봉사 프로그램을 살펴보면서 공통된 경향성을 발견했습니다. 공급자 중심으로 단기 프로그램에 집중하고, 참가자의 희생에 기반한다는 것이었습니다. 기존 방식이 잘 작동하지 않는다는 생각에 수요자 중심으로 장기적 관계에 기반하여 참여자들이 모두 성장할 수 있는 솔루션을 고민했습니다. 청소년과 대학생이 1년 동안 만나 멘토링을 진행하고, 대학생에게는 장학금과 사회인 멘토링을 제공해 청소년은 대학생 봉사자로, 대학생 봉사자는 사회인 멘토로 성장하는 점프의 삼각 멘토링 모델은 이렇게 탄생했습니다. 세 주체가 서로에게 배우며 성장하는 삼각 멘토링은 생애 주기에 따른 다양한 관계 속에서 새로운 역할로 더 단단히 성장해 나가기 때문에 체인 멘토링이라고도 부릅니다.

점프 삼각 멘토링 모델의 핵심은 관계성입니다.
사람은 프로그램이 아닌 사람을 통해 성장하기 때문입니다. 많은 교육복지 사업은 점프가 시작되던 15년 전이나 지금이나 프로그램 중심으로 진행됩니다. 상담 수업, 미술 치료, 창업가 정신, 디자인 씽킹, 코딩 교육, AI 교과서 등등 전문성과 시대의 흐름에 맞추어 그 유행도 빠르게 변하고 있습니다. 하지만 곰곰이 여러분의 어린 시절과 여러분의 자녀들이 성장하는 모습을 생각해 볼까요? 제 주위의 누구도 특정 프로그램 때문에 성장했다고 이야기하지 않습니다. 부모님의 당근과 채찍, 형제자매와 친구들의 건강한 또래 압력, 친인척과 동문 등 가까운 네트워크 안의 롤모델 등 다양한 관계 속에서 성장했다고 일관되게 증언합니다. 그런데도 우리 사회는 관계는 만들어 주지 않고, 프로그램만 주입하고 있습니다.

극단적 예로 디지털 교육의 효율성을 이야기하는 전문가들이 온라인 교육이 진짜 효과적이라고 생각한다면 왜 그분들은 자신의 자녀들을 기숙사 학교에 보내고, 무료 인강이 아닌 값비싼 학원과 과외로 내몰까요? 우리 어른들이 조금 더 솔직해지고, 다양한 배경의 미래 세대들을 내 자녀처럼 생각한다면 우리 사회가 가지고 있는 자원만으로도 충분히 기회의 불평등 문제를 해결할 수 있음을 지난 15년의 경험으로 알게 되었습니다.

점프는 단순한 멘토링이나 학습지도가 아닌 좋은 사람들의 커뮤니티를 지향합니다.

그래서 오랜 만남과 관계를 통해 다양한 배경을 가진 어린이와 청소년들에게 나의 이야기를 들어주고 내 고민에 공감해 주는 내 편인 형, 누나, 언니, 오빠를 만들어주고 있습니다. 대학생들에게는 그들을 응원하는 사회인 멘토들이 든든한 조력자 역할을 합니다. 처음에는 사회인, 대학생, 청소년 순서로 일방향의 도움을 준다고 생각했습니다. 하지만 놀랍게도 대학생은 멘토뿐 아니라 청소년들과 학습센터 종사자들에게 더 많이 배운다 말하고, 사회인 멘토들은 대학생들을 보면서 자신의 모습을 돌아보고 더 좋은 어른이 되겠다는 다짐을 한다고 합니다.

이런 다양한 관계 덕분에 청소년은 장학샘으로, 장학샘은 후원자와 사회인 멘토로 성장하는 선순환의 고리는 점점 단단하게 커지고 있습니다. 이 책에서 여러분이 만나게 될 많은 이야기들은 단순한 과거의 서사가 아닙니다. 지금 이 시간에도 서울, 정선, 대구, 광주 등 대한민국 전역은 물론, 베트남, 인도네시아, 필리핀, 일본에서도 수천 명의 청소년과 대학생, 사회인 멘토들이 더 좋은 어른이 되기 위해 그들만의 관계와 커뮤니티를 만들어 가고 있기 때문입니다.

우리는 모두 좋은 어른이 되어가고 있습니다.

함께 보스턴에서 공부하며 같은 꿈을 꾼 박재홍, 김유진, 김도연, 이보인, 이민선 그리고 이제 고인이 된 이세일 등 공동창업자가 없었다면 점프는 시작될 수 없었을 것입니다. 그리고 첫 후원자로 15년간 아무

조건 없이 점프의 가치를 믿고 응원하며 지금은 이사장으로 봉사하고 계신 서창범 님을 비롯한 700여 명의 사회인 멘토와 후원자 덕분에 점프는 관계에 기반한 공정한 교육기회 제공이라는 꿈을 현실에서 실현해 가고 있습니다. 대학생 봉사자들을 따뜻하게 맞아 주시는 지역아동센터와 다문화센터 등 학습기관의 센터장님과 종사자 분들은 이 모든 활동의 가장 든든한 동반자이자 지원자입니다.

제대로 된 조직도 없던 시절 점프의 가능성에 투자해 주신 현대자동차그룹과 서울장학재단실무자와 의사결정자 분들의 도전이 없었다면 점프는 지금도 저와 창업자들이 매년 10명 내외의 장학샘과 함께하는 작은 단체로 남아 있었을 것입니다. 점프가 더 많은 미래 세대와 함께할 수 있었던 것은 기업, 대학, 정부기관, 재단 등 우리 사회의 교육문제를 해결하기 위해 함께 고민해 온 큰 조직의 투자와 후원이 있었기 때문입니다.

가장 소중한 분들은 당연히 사무국 구성원들입니다. 자신이 만들어 내는 사회적 가치에 비해 턱없이 낮은 경제적 보상을 받으면서도 소명을 잘 감당해 주는 고마운 분들입니다. 사무국에 감사한 마음을 가지고 사무국이 조금이라도 더 좋은 환경에서 일할 수 있도록 물심양면의 후원을 아끼지 않는 이사회에도 진심으로 감사드립니다.

그리고 이 모든 활동의 주인공인 대학생들을 빼먹을 수 없습니다. 점프는 대학생들에게 활동가와 봉사자의 삶이 우월하다고 말하지 않습니다. 진짜 영웅은 자신이 잘할 수 있는 분야와 조직에서 자신의 역할을 잘 감당해 크고 작은 의사결정 과정에서 개인이 아닌 공동체의 더 큰 이익을 위한 의사결정을 내리는 사람이라고 말합니다. 점프와 함께한 대학생들이 우리 사회의 주역이 될 때 우리 사회는 지금보다 더 따뜻하고 멋진 공동체가 되리라 확신합니다.

    점프는 이런 좋은 어른들, 더 좋은 사회구성원이 되기 위해 노력하는 많은 사람들을 만난 덕분에 지난 15년 동안 의미 있는 일을 재미있게 할 수 있었습니다. 그리고 이 책을 읽는 여러분이 계속해서 이 여정에 함께한다면 2111년에는 100년지대계를 이룰 수 있으리라고 믿습니다.

    마지막으로 철없는 가장이 안정적인 직장을 그만두고 비영리 창업을 하겠다고 한 순간부터 지금까지 묵묵히 이 길을 응원해 주는 아내, 그리고 좋은 어른으로 커주고 있는 찬영, 하영에게 고마운 마음과 사랑을 전합니다.

목차

교육의 테두리를 넓히는 상상력을 만나다 — 8
기회가 모두에게 같지 않다는 걸 깨달은 순간부터 — 15

프롤로그 — 24

제1부 보이지 않는 아이들

1 삶의 다른 풍경을 만나려면 — 34
 : 장학샘 박성학
2 다음은 생각하지 못했어요. 당장 지금이 힘들거든요 — 46
 : 청소년 멘티 권혜승
3 이런 꿈은 이상한가요? — 60
 : 청소년 멘티 현석주
4 아이가 어른을 위로할 때 — 71
 : 멘티에서 장학샘으로 안추 헬레나
5 우리는 서로에게 어떻게든 영향을 미친다 — 80
 : 장학샘 김은지

제2부 아이에서 어른으로

6 그렇게 엄마가 된다 — 92
 : 멘티 출신 1호 장학샘 천소망
7 여러 겹의 경계에서 — 109
 : 언어학자가 된 장학샘 김미소
8 함께 사는 건 당연한 일이니까요 — 127
 : 장학샘에서 후원자로 유대현
9 애써야 한다, 소중한 것을 지키기 위해서는 — 136
 : 머신러닝으로 삼각 멘토링을 연구한 멘토 이주영
10 아이들이 미래를 꿈꿀 수 있다면 — 146
 : 지역아동센터장 박진영
11 한 번이라도 다정한 관심을 받은 아이는 다릅니다 — 161
 : 이주민 돌봄센터 대표 송인선

제3부 2014, 단원고 아이들의 곁에서

12 '그 봄'이 들려준 이야기 — 178
: 매니저 이주미
13 슬픔 뒤엔 질문만이 남았다 — 185
: 단원고 졸업생 정현욱
14 아이들에게 더 이상 미안하지 않기를 — 192
: 장학샘 이효경
15 모두 병들었는데 아무도 아프지 않았다 — 198
: 단원고 졸업생 이창환
16 그래서 오늘도 당신의 안부를 묻습니다 — 205
: 장학샘 하나리

에필로그 — 212

감사의 글 — 214
점프의 마음, 점프의 일 — 217
점프와 함께하는 방법 — 221

프롤로그

네가 있는 곳
내가 있을 곳

    점프 커뮤니티 사람들 이야기를 책으로 담으면 좋겠다는 생각을 처음 한 건 2021년 무렵이었다. 당시 점프는 10년차를 맞이했고, 작은 회사라면 그렇듯 우리가 이 일을 얼마나 지속할 수 있을지 고민과 열정이 교차하던 때였다. 10년을 돌아보니, 그동안 길어 올린 따뜻한 사례들, 즉 다양한 배경을 가진 청소년·대학생을 포함한 참여자들의 성장과 변화의 이야기가 꽤 쌓여 있었다.

    그 이야기들은 꽤 뭉클했다. 이 말에는 슬픔, 화, 웃음과 울음 등 복잡한 감정이 담겨 있다. 특히 아이들이 들려준 삶의 이야기가 그랬다. 다음 세대가 마주하고 있는 각자의 소중한 이야기를 전하겠다는 약속을 4년이 지나 지키게 되었다. 그동안 쌓인 이야기들을 더해서다.

    2024년 현재까지 점프 프로그램 참여자는 3만여 명으로 추산된다.

총 누적 합계로 청소년 26,195명, 전국 단위로 활동한 대학생 교육 봉사자(이하 장학샘) 7,384명, 지역아동센터(학습센터) 1,398곳, 사회인 멘토 690명에 달한다. 이 참여자들 중 주인공은 청소년이다. 우리는 다양한 이유로 교육 사각지대에 놓인 청소년들을 만난다. 장학샘은 청소년과 1:1-1:4의 비율로 연결되어 학습 및 정서 지원 활동을 한다. 이렇게 청소년과 장학샘 두 참여자 그룹을 점프는 다음 세대라고 부른다. 훌륭한 사회구성원이 되어 미래의 성장 주축이 될 세대, '좋은 어른'이 되기를 우리 모두가 바라는 세대라 할 수 있다. 이들이 점프에서 함께한 활동 시간은 사업 15년 차 기준 4백만 시간을 넘어섰다. 서로를 응원하는 마음이 만든 시간이다.

대부분 20대 초반인 장학샘의 진로 및 고민 상담을 돕는 그룹을 '사회인 멘토'라고 부른다. 이들은 각자의 직업을 가지고 사회생활을 하는 선배로서, 어른의 길목에 선 장학샘의 삶과 성장을 응원해 준다. 이러한 청소년-장학샘-사회인 멘토라는 세 축의 연결은 점프 사업의 핵심 모델로, '삼각 멘토링'이라 부른다. 계절은 바뀌고, 강물은 흐르고, 꽃은 피고 지며 열매를 맺는다. 아이는 어른이 되고, 세대는 새롭게 등장한다. 사람과 사람, 다양한 삶의 경험을 연결하는 삼각 멘토링을 통해 점프는 묻는다. '서로에게 영향을 미치는 따뜻한 경험과 기억은 한 사람의 성장에 어떤 기여를 하고, 나아가 이 사회에 어떤 변화를 가져올까?' '함께'를 생각하는 사람들의 오래된 질문이었다.

점프의 주요 활동 거점은 전국의 지역아동센터다. 지역아동센터는 보건복지부의 지원을 받아 사회적 돌봄이 필요한 아동 및 청소년에게 다양한 프로그램을 제공하고 있다. 지역아동센터의 전신은 '공부방'으로 알려졌다. 독서실이나 스터디카페를 말하는 게 아니다. 공부방은 1960년대부터 교육과 돌봄의 의지가 있는 지역사회 어른들이 아동의 학습 지원을 위해 알음알음 마련한 공간이었다.

지역아동센터 종사자들은 많은 경우 '삼중고', 저임금과 부당한 처우, 그리고 가난한 아이들이 모인 곳이라는 사회적 편견을 마주한다. 그러면서도 아이들을 위한 열정으로 오랜 시간을 버텨 온 이들이 많다. 현장에서 듣는 걱정은 대부분 비슷했다. 센터 운영과 지속에 대한 어려움을 말하면서 "우리가 무너지면 아이들은 어떡하나요?"부터 물었다. 아이들을 돌보는 사람들이라 무언가 달랐다. 그런 마음을 어떻게 해석해야 할지 잘 모르겠다. 김중식 시인의 시 〈식당에 딸린 방 한 칸〉의 한 구절이 그 이유가 될 수 있을까.

나를 닮아 있거나, 내가 닮아 있는, 힘 약한 사물을 나는 사랑한다.

지역아동센터라는 전국적인 거점과 거기서 일하는 사람들의 진심이 있어서 점프의 장학샘과 청소년의 연결 시스템은 훌륭하게 작동할 수 있었다. 현재까지 점프와 함께한 사람들을 한데 모아 '점프 커뮤니티'라고 부른다. 이 커뮤니티에는 또 다른 중요한 그룹이 있다. 커뮤니티가 지속되도록 많은 도움을 주는 기업과 개인 후원자들이다. 다음 세대를 응원하며 사회 문제 해결에 공감하는 다수 기업이 사회공헌과 ESG, 특히 소셜 부문의 비영리 파트너로 점프와 함께하고 있다. 대부분의 사업비는 대학생 교육 봉사자 및 청소년을 응원하는 장학금으로 지출된다. 이러한 후원이 있었기에 점프는 사업의 지속가능성에 대한 고민을 덜 수 있었다. 한때 유행했던 인디언식 이름을 이 모두에게 붙여주면 어떨까? 인디언이 친구를 부르는 이름은 '나의 슬픔을 자신의 등에 진 자'다.

인터뷰라는 형식을 빌려 점프의 장학샘과 청소년, 지역아동센터 종사자, 또 여러 어른이 되어가는 사람들을 만났다. 그들에게 묻고 싶었던 중요한 질문들은 아래와 같다.

- 우리가 만난 아이들은 누구인가?
- 외롭고 상처받은 아이들을 우리는 어떻게 도울 수 있을까?
- 타인을 돌보고 응원하는 경험은 우리 인생에 어떤 영향을 미치는가?
- 빈부 격차와 개인주의가 더욱 심해지는 이 사회에서 따뜻한 변화는 어떻게 가능할까?
- 우리는 어떤 어른이 되어야 하는가?

인터뷰에 응한 참여자들의 경험담을 듣는 일은 점프의 존재 이유를 찾는 일이었다. 질문에 답을 해줄 사람들이 없었다면, 점프는 지금 여기 존재하지 않을 테니까. 현장에서 활동한 이들의 감정과 생각, 아이들에게서 발견한 성장과 변화의 모습 등을 있는 그대로 들으려고 했다. 인터뷰를 정리할 때도 그 태도를 지키려고 했다. 그럼에도 어떤 이야기에는 전후 해석이 필요하기도 했고, 일부분 인터뷰어의 감상을 덧붙이기도 했다. 그런 부분에 대해서는 미리 양해를 구한다.

이름은 사정이 있거나 인터뷰이가 원하는 경우 가명을 썼으며 실명과 가명 여부를 밝히지는 않았다. 인터뷰 내용에서, 간혹 성을 뺀 두 글자 이름으로, 또 장학샘을 '쌤'으로 친근하게 호칭한 부분이 있다. 점프가 활동하는 현장에서 부르는 호칭을 살려 반영했다. 이야기를 하며 아파하거나, 분노하고, 때로 눈물을 글썽이는 인터뷰이도 있었다. 어떤 경험은 오래도록 조용하고 선명하게 남았다. 2014년 세월호 참사 당시 〈단원고 3학년 회복을 위한 점프 학습 멘토링 프로그램〉에 참여했던 사람들의 기억이 특히 그랬다. 강산이 변한다는 10년이 지났지만, "그때의 기억을 잊을 수 없다"고 말했다.

인터뷰를 하며 뭔가 이야기를 포장하거나 꾸민다는 생각은 한 번도 들지 않았다. "당신이 있어 세상이 많이 바뀌었네요." "마음이 아픈 아이들이 사라졌네요." 같은 말을 아직 할 수 없는 현실이 미안할 뿐이었다.

아이와 어른 16명의 인터뷰이를 만났다. 이십대 초반의 장학샘들이 어떻게 그런 헌신을 하는지 궁금했다. 다양한 배경을 가진 '아이들의 세계'도 들여다볼 수 있었다. 여전히 흔들리는 삶이지만, 아이들은 쌤과의 소중한 약속을 지키기 위해 고군분투 중이다. 아이들의 황량한 삶을 내버려두지 않는 어른들도 만났다. 웃고 울게 만드는 이 많은 이야기는 결국 '따뜻함'에 관한 말들이다.

점프는 사회 문제를 해결하는 소셜 분야에서 혁신 모델로 소개받을 때가 있다. 그렇다고 불공정한 세상을 바꾸는 획기적인 아이디어나 성공 방식을 기대하며 이 책을 읽으면 실망할 수 있다. '일부러 드러내지는 않아도 충분한 진심을 담은' 같은 키워드가 '혁신'에 포함될 수 있다면, 덜 실망할 것도 같다.

우리는 어떤 어른이 되는가, 혹은 되어야 하는가? 인터뷰를 하면서 참 궁금했던 질문이면서, 청소년·대학생 참여자가 자주 묻던 질문의 하나였다. 그 '어른 되기'의 실마리를 이 책에서 얻을 수 있다고 기대해도 좋겠다. 무엇보다, 바쁘거나 '내 일은 아니니까'라는 핑계로 귀 기울이지 못한 '아이들의 세계'를 알고 나면, 이 사회를 바라보는 시선과 아이들에 대한 마음이 이전과는 달라지는 것 같다. 세상을 균형 있게 보라고들 한다. 그런데 어떤 아이들에게 여전히 불평등한 사회를, 평균의 시선으로 바라볼 수는 없었다. 지금도 어떤 아이들은 '보이지 않는 출발선'에서 인생의 달리기를 준비하고 있다. 출발선을 찾지 못해 먼저 포기해버린 아이들도 많다.

솔직히 이 책을 읽고 나서 "역시 듣던 대로 점프는 이 사회에 필요한 일을 하는군요" 같은 독자 후기를 만나면 좋겠다. 그러나 칭찬보다는 우리가 해결하고자 하는 일과 연결된 '동참'의 반응이 더 많기를 바란다. "다음 세대 아이들을 위해 내가 참여할 일이 있을까요?" 같은 질문이 꼬리를 물면 좋겠다.

이렇게 묻는 사람도 있다. "점프가 좋은 일을 하는 것은 알겠는데, 점프만의 특별함은 무엇일까요?" 그 질문에 짧은 답을 드린다면 다음과 같다.

"특별한 비법 같은 건 없습니다. 다만, 여전히 어떤 아이들에겐 누군가의 따뜻한 응원 하나가 살아갈 힘이 되고, 성장과 변화의 열쇠가 되더군요."

+ + +

덧. 프롤로그의 제목 '네가 있는 곳, 내가 있을 곳'은 요즘 즐겨듣는 노랫말에서 따왔다. 어딘가에서 만날 따뜻한 집이나 안식처에 관한 내용이다. 여전히 외롭고 지친 삶을 챙기고 있는 아이와 어른 모두 '홈, 스윗 홈'을 찾기를.

일러두기

■ **장학샘**: 점프에서 대학생 교육 봉사자를 부르는 이름. '장학생'이 '맑은 샘물'과 같은 역할을 하길 기대하며 만든 조어이다. 점프 내에서는 '쌤'이라고 부른다. 사업의 취지와 대상에 따라 다른 별칭을 붙이기도 한다. 장학샘은 1년 단위로 활동하며, 아이들과 만나는 시간은 주 2회(4시간 이상)를 권장한다.

■ **청소년 멘티**: 점프에서 학습 및 돌봄 지원을 받는 아이들을 부르는 이름. 청소년 멘티는 주로 지역아동센터를 통해 연결되고 장학샘은 대학이나 생활권 근처의 청소년 멘티의 학습과 정서적 지원을 한다. 장학샘과 청소년 멘티는 1:1-1:4로 매칭한다.

■ **사회인 멘토**: 장학샘의 진로 및 인생 고민을 들어주고 응원하는 사회인 그룹. 선배로서 삶과 일의 경험을 나누는 사람들이다. '사회인 멘토링'은 사회인 멘토가 장학샘을 응원하는 대화의 자리를 말한다.

■ **지역아동센터**: 교육 봉사 활동을 수행하는 거점이다. 지역아동센터는 보건복지부 지원으로 사회적 돌봄이 필요한 아동 청소년에게 다양한 프로그램을 제공하는 시설이다. 센터는 주로 교육 여건이 상대적으로 좋지 않은 지역사회에 있다. 다양한 배경의 아이들이 방과 후 센터에 모인다.

■ **파트너(후원자)**: 점프의 사업을 지원하는 국내외 여러 기업과 공공기관, 지자체, 대학을 파트너라 부른다. 사회 공헌과 ESG의 흐름에 맞춰, 다음 세대를 응원하는 역할을 수행한다. 파트너 기금은 주로 장학샘 및 청소년 멘티의 장학금으로 지출된다. 점프는 기업과 지자체-학교-운영사의 '다자간 협력 모델'을 통해 다양한 배경을 가진 교육 취약 계층 청소년이 성장하고, 삶의 가능성을 키우도록 응원하며 지원한다.

제1부

보이지 않는
아이들

1 삶의 다른 풍경을
   만나려면

장학샘 박성학

변화는 동화 같은 이야기에서 시작됐다. 한 장학샘이 처음 센터에 방문한 날, 한 십대 아이가 바닥에 멍하니 누워 있었다. 그는 낯선 방문객을 힐끔 쳐다볼 뿐이었다. '뭐 이런 친구가 다 있지?' 그는 아이를 향해 말했다.
"일어나, 그만 일어나."
몇 번 불러도 반응이 없던 아이가 짜증 섞인 목소리로 말했다. "건드리지 마세요." 말로만 듣던 '중2병'인가 싶었다. 그렇다고 무기력한 아이를 그냥 내버려둘 수는 없었다. 언젠가 일어나 책상 앞에 앉기를 바랐다. 재촉하지는 않았다. 그는 마음속으로 이런 말을 들려주고 있었다.
'이제 그만 일어나. 다시 시작해 보자.'
마음이 전해진 걸까? 시간이 흐르고, 아이는 어느 날 일어나 책상에 앉았다. 막막한 현실 속에서 무기력하게 누워 있던 아이가 어떤 이유에 서인지 몸을 일으켜 세웠다. 꿈이 생겼냐고 물었더니 이렇게 대답했다.

"아직 꿈 같은 건 없어요. 대신 버티기로 마음먹었어요. 자기 삶도 아닌데, 그렇게까지 애쓰지 않아도 뭐라 할 사람 없는데, 제 곁에서 응원해 준 사람의 진심이 너무 감사해서, 보답하고 싶거든요."

+++

이 짧은 사연 속 두 주인공을 만났다. 장학샘 박성학(현대차그룹 대학생 교육봉사단 H 점프스쿨)과 청소년 멘티 권혜승이다. 성학을 먼저 만났고, 그의 경험담을 들으니 혜승의 이야기도 들어보고 싶었다. 그래서 두 번째 인터뷰는 장학샘과 멘티의 동반 인터뷰가 됐다. 낯가림이 있다는 혜승은 "샘이 있으면 인터뷰든 뭐든 괜찮다"며 인터뷰에 응했다.

비슷한 시기에 장학샘 활동을 한 동료와 후배들 사이에서 성학은 유명했다. 그는 '헌신의 아이콘'으로 불렸다. 누구보다 열심히 아이들을 챙기고 가장 많은 시간을 아이들과 보낸 장학샘이다. 교육 봉사 기간이 끝난 뒤에도, 그는 지역 아동센터를 찾아가 아이들을 만나고 있다. 아이들에겐 '최고 의리샘'이었다.

#연애 #스펙 #취업 #대외활동 #재테크 #관계… 이십대의 인생 키워드에서 #헌신을 찾기는 쉽지 않다. 청년 실업률과 우울증, 청년 고립이라는 말이 심심찮게 들린다. 이는 자기를 먼저 잘 챙기라는 신호일 것이다. 하지만 여전히 한편에는 타인을 돌보는 일에 '헌신'하는 이들이

있다. 어떤 마음으로 그런 삶을 선택했는지 늘 궁금했다.

점프 장학샘을 선발하는 과정에서 교육 봉사에 참여하는 여러 이유를 들을 수 있다. '사회 불평등과 교육 격차를 해소하려는 점프의 취지에 공감해서' '아이들을 가르쳐 본 경험이 따뜻한 기억으로 남아서' '아이들을 응원하는 활동을 통해 내 불안한 삶의 쓸모를 찾고 싶어서'라는 고백들이 있었다. 그중에서도 개인의 지극한 경험을 담은 생생한 삶의 언어를 만나면 관심이 쏠렸다. 성학도 그런 경우였다.

학창 시절 성학은 교사를 꿈꾼 적이 있었다. 중학생 때, "성학이는 누구를 가르치는 사람이 되면 잘 하겠다"는 국어 선생님의 칭찬 한마디에 교사의 꿈을 가졌다. 그러다 고등학생 때 덜컥 브레이크에 걸렸다. "성학이는 예민한 성격이잖아. 툭하면 남과 부딪히는 성격이라 교사직에는 맞지 않을 것 같아"라며 주변 어른들이 걱정하며 반대했다. 성학은 많은 고민 끝에 교사의 꿈을 접었다. 미완성의 아이들에겐 작은 칭찬 하나가 소중한 꿈을 심어 주기도 하고, 걱정 한 마디가 꿈을 좌절시키기도 한다. 성학이 장학샘이 되기로 한 것은 여전히 방황하는 자신을 보고 난 뒤였다. 아이들을 가르쳐 보면서, 삶의 방향을 다시 찾고 싶었다.

중학교 때 다른 과목보다 국어를 잘했어요. 소심한 성격이라 낯을 가렸는데, 그런 모습을 국어 선생님은 좋게 해석해 주셨어요. 너는 차분하고 감수성이 있다고요. 나중에 국어 선생님이 되면 잘하겠다고 말씀해 주셨어요. '나는 늘 왜 이 모양이지' 하며 주눅 든 모습을 반대로 칭찬해 주시니까, 큰 힘이 됐어요. 그 따뜻한 말 한마디가 제 흐릿한 인생에서 한 줄기 밝은 빛처럼 다가왔어요. 그때 선생님이 되어야겠다는 생각을 처음 했어요.

그 꿈을 이루진 못했네요. 뭐, 제 성격 탓이죠. 제가 정한 기준에 안 맞으면 상대가 누구든 화를 참지 못하고 분출했거든요. 저는 사람을 무시하는 태도나 부당한 행위, 독선적인 사람을 보면 잘 참지 못하고 다투곤 했어요. 부모님이 그런 모습을 보시고 교사는 적성에 맞지 않겠다고 말리셨어요. 하고 싶은 일과 잘 할 수 있는 일은 다르다고요.

그때 방황했어요. 내가 나를 다 알지 못하니 어른들의 조언이 맞겠지 싶으면서도 받아들이기 힘들었죠. 사범 계열에 진학하지 않고 토목공학과를 선택했어요. 하지만 대학생이 된 후에도 마음이 편치 않았어요. '대2병'을 심하게 앓았어요. 난 아이들을 가르치고 싶었는데. 지금 뭘 하고 있는 거지? 사범대 진학을 고집했어야 맞았나. 내 삶의 정답은 뭘까. 의욕도 없고 무기력했어요. 때마침 허리가 아파 휴학했어요. 마음이 아픈 건지, 몸이 아픈 건지, 헷갈렸어요. 사실 진로 고민을 하느라 공부도 제대로 안 했거든요. 3학년이 되면서 코로나19 팬데믹이 시작됐죠. 그동안 공부에 소홀했기에 온라인으로 수업을 따라가기가 힘들었어요. 악순환이라고 할까요. 자존감은 떨어지고 아르바이트는 끊기고, 말 그대로 '노답 인생' 같았어요.

탈출구가 필요하단 생각으로 사회복무요원에 지원했어요.

그 시간을 놓아버린 꿈을 위해 쓰고 싶어서, 아이들을 가르칠 수 있는 지역아동센터에 지원했어요. 당시 코로나로 돌봄 공백이 커지면서 지역아동센터들은 인력이 부족한 상황이었죠. 제가 지역아동센터에 지원했다고 하니, 친구들은 "요즘 애들 진짜 말 안 듣는데, 뭐하러 사서 고생을 하냐? 더 편한 곳에 지원해도 될 텐데"라며 이상하게 생각했어요. 그러면 저는 이렇게 대꾸했죠. "그냥 난 아이들을 볼 수 있어서 좋은데…" 사실 난 선생님이 되고 싶었다는 말은 하지 못했어요.

설렘 반 기대 반으로 복무를 시작했어요. 그런데 처음 만난 아이들의 모습을 보고 충격을 받았어요. 공부에 관심은 고사하고, 의욕이 너무 없었거든요. 이 아이들에게 뭐가 문제인 걸까? 아이들을 그렇게 만든 어른들한테 화가 났어요. 센터에서 봉사했다는 대학생들과 선생님들에게까지 원망하는 마음이 들었어요. '아니, 왜 이렇게 아이들을 방치했지?' 어린이집 보육교사를 오래 하신 어머니께 답답한 마음을 이야기했어요. "엄마, 센터의 아이들이 기대한 모습과 너무 달라요. 어떻게 자기 삶에 그렇게 무책임할까요?" 그때 어머니가 그러셨어요. "아이들의 이야기를 들어 봤니?"라고. 아이들 각자 말 못 할 사정이 있을 거라고 하셨어요. 그러면서 "너의 시선으로만 아이들을 바라보고 판단하면 안 된다"고요. 뒤통수를 세게 한 방 맞은 느낌이었죠. 아들이 교사가 되고 싶다고 했을 때 어머니가 하신 말씀이 떠올라 부끄러워졌어요. "너는 예민한 성격이라 자신과 맞지 않으면 부딪치는데, 그러면 너만 지치고 다칠 수 있다"고 걱정하셨거든요.

그때 만난 아이가 중학생 혜승이에요. 센터에서 처음 만난 혜승이는 삶의 목표나 공부할 의지가 전혀 없는 친구였어요. 센터에 가면 제가 와도 모른 척, 공부방 한구석에 멍하니 누워 있었죠. 말 그대로 삶의 목표를 상실한 아이. 제가 자리에 앉으라고 하면 삐딱한 말투로 이렇게 내뱉었어요.

"누워 있든 말든 쌤이 무슨 상관이에요. 왜 공부를 하라는 거죠? 어차피 별다른 꿈도 없고, 특별한 일도 일어나지 않을 거예요. 그냥 이렇게 살다 죽을 건데요, 뭐."

혼란스러웠어요. 한창 꿈을 꿀 나이의 아이가 무기력하게 누워서 삶의 가장 예쁜 시간을 낭비하고 있으니까요. 마음이 너무 아팠어요. 왜 아무도 혜승이를 일으켜 주지 않았을까? 이 아이의 잘못일까? 어른이라는 사람들의 무책임에 너무 화가 났어요. 그렇다고 제가 '우리 아이가 달라졌어요'의 오은영 박사처럼 특별한 능력이 있는 건 아니잖아요. 혜승이를 변화시킬 극적인 해결책은 떠오르지 않았어요. 선생님이 되고 싶은 제 꿈을 위해 찾아간 곳에서, 저는 '시험'에 들었어요(웃음). 그 즈음, 아동 복지사 경험이 풍부한 선생님 한 분이 새로 센터에 오셨어요. 제가 성당에서 교리 교사로 꽤 오래 봉사했다는 얘기를 듣더니, 그분도 교리 교사를 했다면서, 그런 어려운 수업을 해봤으니 센터 아이들도 잘 가르칠 수 있겠다고 응원해 주셨어요.

'도대체 여기서 내가 뭘 할 수 있지?' 하는 좌절감이 컸는데, 그 선생님께서 "뭐든 해봐라. 우리 함께 아이들을 잘 챙겨보자. 힘껏 밀어주겠다"고 하셔서 힘을 낼 수 있었어요. '여기서 지치지 말자. 그래서 내 역할이 있는 거였네.' 그게 터닝 포인트가 됐어요. 삶의 목표가 없는 아이들에게는 그 어떤 동기 부여보다 따뜻한 관심과 응원이 먼저였던 거죠. 그때의 저 역시 그런 따뜻한 응원이 필요했으니까요.

　마음을 다잡게 되었어요. 아이들의 일상과 안부를 묻고 천천히 그들의 이야기를 기다렸어요. '이 아이들에게 인생을 진심으로 응원해 주는 사람이 있었을까?' 하는 마음으로요. 이심전심이라고 하나요. 아이들의 태도가 바뀌기 시작하더라고요. 멍하니 누워 있던 혜승이가 책상 앞에 앉았어요. 공부란 걸 해 보고 싶다고. 한 번도 생각하지 않았던 새로운 삶을 기대하기 시작한 거예요. "공부는 해서 뭐 하나. 학교도 싫은데, 이러다 공장에서 일하면 되는 것 아니냐"던 아이가 자기를 챙기기 시작한 것이죠. 어른들이 보기에 무기력하거나 나쁜 태도를 가진 아이들이 사실은, 자기 말에 한 번만 귀 기울여 달라고 애원하는 건지도 몰라요. 혜승이의 무례한 태도 뒤에는 '지금까지 제 삶은 뭐 하나 자랑할 만하거나 특별한 게 없지만, 그래도 한 번쯤 진심으로 저를 바라봐 주세요.'라는 메시지가 있었던 거죠.

　원래 이상한 아이는 없어요. 아이들을 그렇게 놔둔 이 사회에 화가 났어요. 왜 어떤 아이들은 소중한 삶을 미리 포기하는 걸까요? 질문이 꼬리에 꼬리를 물었어요. 저는 혜승이라는 아이를 만났지만, 이 사회에는 여전히 다양한 이름의 아이들이 자신의 소중한 시간을 흘려보내고 있겠죠. '삶은 소중하다'는 말이 모든 아이들에게 똑같이 적용되는 건 아니었어요. "그런다고 뭐 달라질 게 있나요?"라고 의심하는 아이들에게 우리는 무엇을 해줄 수 있을까요?

혜승이를 다시 일으켜 세운 건 특별한 노하우가 아니었어요. 제가 한 일이라곤 '그만 일어나자. 오늘은 공부하자' 그 말밖에 없거든요. 혜승이는 원래 똑똑한 아이였어요. 공부란 걸 하겠다고 마음먹더니 그만큼 성적이 올랐어요. 수학과 과학을 특히 잘했어요. 나도 할 수 있다는 자신감이 붙으면서 다른 모습이 됐어요. 친구들은 '어, 내가 알던 혜승이가 아닌데' 하는 부러운 시선을 보냈죠. 따뜻한 관심과 응원이 있다면, 아이들은 충분히 다른 모습으로 성장할 수 있어요. 더 이상 혜승이는 센터에서, 집에서, 또 학교에서 무기력한 아이가 아니었어요. 또 다른 친구들을 챙기는 사람이 되었어요. 센터 친구와 동생들한테 이렇게 말하더라고요. "모르는 문제 있으면 나한테 물어봐. 특히 수학, 과학은 내가 알려줄 수 있으니까."

진로를 고민하던 혜승이는 특성화고등학교에 진학했어요. 인문계 진학을 놓고 고민했지만, 특성화고가 자기에게 더 좋겠다고 판단한 것이죠. 고등학교 진학을 앞두고 제게 진로를 상의하더라고요. 저는 솔직하게 말해줬어요. 공부를 뒤늦게 시작했기에 인문계 고등학교에 가서 경쟁하면 밀릴 수 있다고요. 한편으로는 다시 포기할까 봐 걱정됐어요. 혜승이는 혼자 많은 고민을 하더니 결국은 제과제빵이라는 구체적인 진로를 선택하더라고요. 일찍 취업해서 고생하는 아버지의 짐을 덜어주고 싶다는 마음이 있었던 것 같아요.

아이가 이렇게 달라질지 알 수 없었어요. 처음 만났을 때는 제게 나쁜 말을 한 적도 있고, 좋은 기억만 있진 않아요. 저도 스무 살 초반의 어린 나이지만, 그래도 혜승이에겐 선배이자 어른이니까, 책상에 앉는 습관만 들여 주자는 생각만 했어요. 알고 보니 혜승이는 반짝이는 보석 같은 아이인데, 주변 환경으로 인해 그 빛을 못 내고 있었던 거죠. 스스로 진로를 선택할 수 있는 아이가 된 혜승이가 기특했어요. 특성화고는 특성상 실기나 취업 준비가 우선이라 공부는 소홀할 수 있잖아요. 또 제과제빵은 체력이 약한 혜승에겐 힘들 거예요. 그래도 혜승이는 손에서 공부를 놓지 않고 있어요. 제과제빵 자격증을 취득한 날엔 센터에 들러 자랑을 해요. 고2부터 현장에 나가 학생 인턴으로 일을 배우기도 하더라고요. "요즘 어떻게 지내? 힘들지 않아?" 물었더니, "쌤, 나도 이제 돈 벌어요"라며 웃더라고요. 혜승이가 사회 구성원의 한 명으로 잘 성장하고 있어서 뿌듯해요. 무엇보다 기쁜 건, 아이가 자기 인생을 소중하게 챙기는 법을 알게 된 거죠. 혜승이도 저도, 함께 많이 성장했다는 생각이 들어요.

주변에서 성학쌤을 '헌신의 아이콘'이라 부르더군요. 정해진 봉사 시간을 훌쩍 넘겨, 밤늦게까지 센터에 남아 아이들을 챙기고 주말에도 나왔다고 들었어요. 활동 기간이 끝난 뒤에도 아이들을 만나고, 다른 센터에서도 아이들을 가르치고 있다면서요. 연애하고 취업 준비하고, 요즘 청년들이 '해야 할 일To do List'이 꽤 많잖아요. 자기 인생에 쓸 시간도 부족할 텐데, 왜 그렇게 아이들을 가르치는 일에 시간을 쏟나요?

제가 고1 때 수학 성적이 좋지 않았어요. 4-5등급이었어요. 그런데도 수학 선생님은 '성학아, 너는 잘 할 수 있다'며 응원해 주셨어요. 그 말씀에 힘이 났어요. 어느 순간 수학 성적이 전교 상위권까지 올랐어요. "거 봐, 넌 해낼 줄 알았어"라며 수학 선생님이 자기 일처럼 기뻐해 주셨죠. 곁에서 응원해 준 사람이 없었다면 할 수 있었을까요? 저는 어쩌면 '수포자'가 됐을 수도 있어요. 제게는 잊지 못할 소중한 기억이에요. 저도 그렇게 따뜻한 선생님이 되고 싶었어요. 진로는 바뀌었지만, 아이들을 가르치는 꿈은 늘 있어요. 아이들을 만날 때만큼은, 특별할 것 하나 없는 제가 마치 '좋은 어른'이 된 것 같은 기분이 들어요.

요즘 하고 싶은 일이 생겼어요. 사각지대에 놓인 아이들을 돕는 교육 공동체를 만들고 싶어요. 그래서 더 열심히 배우려고 지역아동센터 현장에 들러요. 그런데 제 친구들도 그렇고, 지역아동센터가 어떤 곳인지, 어떤 아이들이 있는지 잘 몰라요. 지역아동센터라고 하면 가난한 아이들이 가는 곳이라고 함부로 말하는 사람도 있잖아요. 어른들의 그런 시선이 아이들에게 큰 상처가 될 수 있다는 걸 왜 모를까요? 세상은 왜 그런 구별로 아이들을 주눅 들게 하는 거죠? 참 못난 어른들이에요.

+++

성학은 자신이 특별한 사람이 아니라고 했지만, 타인을 향한 마음의 크기는 누구보다 특별해 보였다. 그렇게 우리는 누군가에게 영향을 미치는 특별한 존재다. 성학이 가방에 챙겨온 뭔가를 조심스럽게 꺼냈다. 얼마 전 혜승이가 건넸다는 손편지였다. 빵을 배우는 손으로, 자기 앞의 삶을 단단히 버텨 보겠다는 약속을 담아, 또박또박 눌러 쓴 두 장짜리 편지였다. 혜승의 허락을 받아 편지의 일부를 소개한다.

쌤과 참 오랜 시간 함께 하고 있네요. 공부를 포함해 아무것에도 흥미가 없던 제 나이 열여섯에도, 이 길이 맞나 싶은 열일곱에도, 이런 게 사회인가 느꼈던 열여덟에도, 시간이 정말 빠르다고 생각하는 열아홉에도, 전부 쌤이 함께 계셨던 것 같아요. 사실 아직도 제게 이 길이 맞는지, 포기하지 않을 자신이 있는지, 누구보다 진심일 수 있을지는 잘 모르겠어요. 하지만 딱 하나 아는 것은, 이렇게 확신이 없는 상황에서도 일단 하고 보는 근성은 쌤에게 배웠다는 것을요.

쌤도 아시다시피 제 가정환경은 그다지 좋지 않아요. 여전히 손주 세 명의 뒷바라지를 하시는 할머니와 아침 일찍 일하러 나가시는 아빠, 첫째의 무게를 어렸을 때부터 감당해 왔을 언니, 그리고 아직 세상을 알기엔 너무 어린 막내까지. 이런 환경에서 제가 할 수 있는 건 더 빨리 돈을 벌어 모두의 집을 조금이라도 덜어주는 거였어요. 그래서 취업반에 들어가 일찍 일을 배우고 돈을 벌고 있어요. 가끔 견뎌내기 힘들 때가 있어요. 삶을 부정하고 싶고, 신이 존재한다면 싸우고 싶을 정도로요. 그럴 때마다 센터에 갔는데, 미소로 반겨주는 쌤이 거기 있어 너무 좋고 감사했어요.

쌤은 사람들에게서 좋은 점을 찾아내는 눈이, 수많은 응원을 해주는 입과 남을 도우려는 양손과 마음을 가지셨네요. 저를 포함해 쌤의 도움을 받은 아이들 모두 같은 생각일 거예요. 쌤은 정말 아름다운 사람이에요. 제가 받았던 응원만큼 앞으로도 서로 응원하는 사이가 되면 좋겠어요.

'아름다운 사람'이라는 말, 곰곰이 생각해 봐도 살아오면서 한 번 듣지 못한 말이었다. 성학은 귀한 보물처럼 조심스럽게 편지를 접어 가방에 넣었다. "언제 이런 소중한 편지를 또 받겠어요. 평생 간직하려고요." 성학은 이미 누군가에게 훌륭한 선생님이었다. 자신만 잘 모르고 있을 뿐이었다.

2 다음은 생각하지 못했어요, 당장 지금이 힘들거든요

청소년 멘티 권혜승

성학을 인터뷰하고 혜승이가 무척 궁금했다. 성학에게 혜승을 인터뷰하고 싶다고, 혼자가 불편하다면 같이 만나도 좋다는 제안을 했다. 혜승이는 "쌤과 함께 하는 인터뷰라면 오케이"라고 했다. 인터뷰는 성학이 재학중인 경북대학교 근처의 점프 영남사무국에서 진행했다. 약속 시간은 오후 2시. 둘의 인터뷰는 영남사무국 팀원들도 관심을 보였다.

영남사무국의 한 매니저는 점프 장학샘 출신으로, 장학샘으로 활동했던 따뜻한 기억으로 점프 팀원이 된 경우다. 그는 자신의 장학샘 경험을 들려주었다. 그가 만난 아이는 우울증을 앓고 있었다. 센터에서는 마음이 아픈 아이라며 꾸준히 말을 걸어주고 다정하게 대해 달라는 요청을 했다. 그는 서두르지 않고 아이에게 천천히 다가갔다. 어느 날부터, 어떤 질문에도 답이 없던 아이가 조금씩 대답을 하기 시작했다. 소위 '심쿵'한 사건이었다. 장학샘 활동을 마칠 무렵, 아이는 그에게 편지를 건넸다. "쌤, 여기서 열어 보지 말고 집에 가서 보세요." 서툰 손글씨로 또박또박 적은 편지에서 그는 아이의 따뜻한 마음을 충분히 느꼈다. "쌤, 이제 활동이 끝났으니 앞으로 자주 보지 못하겠네요. 어쩔 수 없는 일이겠죠? 쌤을 만나서 행복했습니다." 눈물이 핑 돌았다.

혜승이가 왔다. 야구 모자를 눌러 쓴 혜승이는 작은 체구에 앳된 모습이었다. 제빵 현장에서 체력 소모가 만만치 않을 텐데, 힘들지 않을지 걱정이 되었다. 하지만 모자 아래로 보이는 눈망울엔 호기심이 많아 보였다. 특성화고에 재학 중인 혜승은 인턴 자격으로 베이커리에서 일을 배우는 중이고, 대학교 졸업반인 성학은 취업 준비를 하고 있다. 두 사람 모두 어른이 될 준비를 하고 있다. 혜승이가 옆에 있어서일까. 성학은 혼자 인터뷰할 때와는 달리 조금 긴장한 모습이었다.

그래도 제자 앞에서는 근엄한 모습을 보여야죠(웃음). 센터에서는 아이들이 심한 장난을 치지 못하게 거리를 뒀거든요. 제가 카리스마 넘치는 어른은 아니니까, 아이들을 잘 지도하려면 그렇게 해야 할 것 같았어요. 아, 강압적인 태도 그런 건 아니에요. 제가 생각하던 선생님의 모습을 보이고 싶었달까요. 선생님이 흔들리면 아이들이 따라서 무너질 수 있잖아요. 아이들 앞에서는 강한 모습을 보이고 싶었어요.

하지만 자신만의 근엄함이었던지, 혜승이 바라보는 쌤의 모습은 달랐다. 성학의 근엄한 페르소나가 아이들에겐 먹히지 않았나 보다.

쌤의 첫인상요? 참 열심히 산다?(웃음) 다른 쌤들은 수업을 마치면 다 가는데, 혼자 계속 센터에 남아 있었어요. 도대체 왜 저럴까? 열심이 과한 타입이랄까요. 우리가 말을 안 들으면 허공을 쳐다보며 멍한 표정을 지을 때도 있고, 혼자 한숨 쉬고, 그럴 때는 열정이 과해서 좀 정신 나간 사람 같기도 했어요(웃음).

점프 장학샘들은 평균 주 2회(회당 2시간, 주 4시간 이상 권장), 한 해 동안 8-10개월 정도 아이들을 만난다. 교육 봉사를 하며 받는 장학금은 평균 200-300만 원 수준이다. 장학금을 시간으로 환산하면, 시급 1만 5천 원 정도다. 사업 초창기에는 장학샘들이 주 3회, 8시간 이상 아이들을 돌봤고 장학금 규모도 적었다. 자신의 삶도 버거운 청춘들이 장학샘이라는 이름으로 아이들 곁을 지금까지 그렇게 지켜 왔다.

혜승의 기억처럼, 성학쌤의 활동 시간은 과했다. 성학의 기억으로는 월 60시간, 방학 때는 100시간 정도를 채웠다고 했다. 점프 장학샘 활동을 하면서 또 다른 교육 봉사를 병행했다. 아이들을 더 만나고 싶어서였다. '월화수목금금금'이 남의 얘기가 아니었다.

그때 제가 왜 그랬을까요?(웃음). 아이들에 대한 마음을 놓을 수 없었던 것 같아요. 센터 장학샘이 되면 초반에 어떤 아이들을 가르칠지, 청소년 멘티가 정해지거든요. 멘티와 수업을 마치면 다른 아이들이 계속 눈에 밟히는 거예요. '저 아이들도 도움이 필요할 텐데' '뭔가 더 알려줄 게 남은 것 같은데' '바쁜 선생님 일도 좀 도와드리고 갈까?' 그런 아쉬움이 계속 남았어요. 누군가는 바보 같다고 할 텐데, 그냥 저는 그 정도는 기꺼이 하고 싶었어요. 어떤 마음인지는 아직도 잘 모르겠네요. 누군가를 가르칠 수 있다는 것, 작든 크든 아이들의 변화를 보는 것, 그게 제 삶에서 소중한 의미였던 것은 분명해요.

성학의 이야기를 듣던 혜승이 코를 훌쩍이며 말했다.

쌤은 그때 정말 진심이었어요. 정해진 시간이 끝나면 돌아가도 되는데, 왜 저렇게 열심히 하는지 이상했어요. '왜 사서 고생을 할까. 우리들이 뭐라고?' 나처럼 그냥 흘러가는 대로 살면 그만인데, 뭐가 있기에 저렇게까지 열심히 하는지 궁금해졌어요. 쌤은 제가 처음 만난 '좋은 어른'의 모습이었어요.

혜승은 콧잔등이 시큰해진 이유를 말해주었다.

이 사람은 정말 누군가에게 진심이었구나, 싶었어요. 본인의 소중한 시간과 삶이 있을 텐데, 그 일부를 조금이라도 더 우리에게 주려고 했잖아요. 이런 사람은 처음이니까요. 정말 진심으로 우리를 지켜봐 주셨어요.

성학쌤의 진심을 가장 크게 느낀 적은 언제일까요?

인생에서 스스로 선택을 해야 할 때가 있잖아요. 고등학교 진학을 앞두고 처음 진로란 걸 고민했어요. 쌤 만나기 전에는 되는대로 살았고 주변에서 큰 기대도 없었어요. 그런데 쌤은 '너에게는 이쪽이 더 낫지 않을까' '이게 더 도움이 될 것 같은데' 같은 진심 어린 조언을 해줬어요. 쌤과 함께하면서 처음 공부의 재미를 느꼈거든요. 하지만 공부를 뒤늦게 시작했으니 인문계 고등학교에 가면 뒤처질 수 있잖아요. 그러면 주눅 들 거라고, 저에게 더 도움 되는 쪽을 선택하자고 했어요. 집안 사정상 빨리 취업하면 좋을 것 같기도 해서 특성화고를 선택했어요. 제과제빵 기술을 배우면서 노동 현장에 있는 게 제 기대와는 맞지 않지만, 그래도 버티고 있어요. 자격증을 따면 센터 선생님들께 자랑해요. 성적도 놓치고 싶지 않아서 제 나름대로는 열심히 살고 있어요. 나를 처음으로 응원해준 사람에게, 그 기대가 틀리지 않다는 걸 보여주고 싶거든요. 이게 내 길이 맞을까? 여전히 방황하고 고민할 때가 있지만, 그래도 버티고 있어요.

공부도 해야 하고, 빵도 만들어야 하고, 많이 힘들지 않아요?

어렸을 때부터 잔병치레를 많이 하고 체력이 약했어요. 일하면서 온종일 서 있으려니 힘들어요. 현장에는 힘쓰는 일이 많거든요. 10-15kg 밀가루 포대를 옮기고, 밀가루에 벌레가 생겨서 다 붓고 골라낸 날도 있었어요. 빵집에는 예쁜 진열장에 냄새 좋은 빵만 가득 있는 줄 알았는데, 그렇지 않네요. 이상과 현실은 이렇게 다른 거겠죠? 몸이 힘든 날은 고민이 많아져요. 이깟 빵이 뭐라고, 그만 때려치울까, 다른 일 하면 되잖아, 학교도 가기 싫은데 자퇴할까? 그런데 이 정도를 못 버티면 앞으로 어떤 일도 못 하겠죠?

혜승은 자퇴하는 친구들도 많다며 대수롭지 않게 말했다.

자퇴라는 게 그렇게 걱정할 일인가요? 쉽게 말하면 공부하기 싫어서 온 친구들이니까 그럴 수도 있죠. 솔직히 학교가 좀 꼰대 같아요. 교복 치마 길이를 가지고도 무릎이 보이면 안 된다면서 혼내고, 불시에 소지품 검사를 하는 것도 싫어요. 제빵 일도 제가 생각하던 것과 달라서 막 신나지는 않는다고 할까요. 여전히 제 삶은 고민의 연속이네요.

만약에 자퇴하면 그다음엔 어떻게 할 거예요?

다음은 생각 안 해 봤어요. 그냥 지금이 힘드니까요. 학교 그만둔다고 집에 얘기하면 또 답 없는 애가 될 테고, 저를 응원해 준 쌤이 바보 되는 거니까, 조금은 더 버텨 보려고요.

혜승의 든든한 지원자, 성학의 생각이 궁금했다.

최근에 점프의 사회인 멘토링(다양한 분야에서 활동하는 어른 혹은 사회인 멘토들이 장학샘 등 다음 세대와 만나는 점프 프로그램)에 참여했어요. 그날 주제가 '자기 인생을 세팅하는 법'이었어요. 멘토님이 하신 얘기 중에, 실패를 두려워해서는 안 된다, 실패의 두려움이 앞서 새로운 시도조차 못 하면 결국 그게 가장 큰 실패라는 얘기가 인상적이었어요. 혜승이는 지금 고3, 이제 열여덟 살이니까 다양한 시도를 해봐도 괜찮을 것 같은데, 그래도 너무 쉽게 내려놓지 않기를 바라게 돼요. 지금 혜승의 고민과 선택이 미래의 삶에 소중한 원동력이 되기를 바랄 뿐이죠.

쌤과 멘티로 만난 지 5년의 시간이 되었다. 처음 만났을 때 혜승은 중3이었고, 이제 곧 취업반이다. 쌤이 와도 모른 척하고 그냥 내버려두라던 아이가 이제는 힘들어도 버티는 법을 안다. 주변을 생각하며 내 앞의 삶을 고민하고 있다. 그것도 혼자의 힘으로, 혼자의 방식으로. 이 변화는 어디서, 어떻게 시작된 것일까. 사람은 변하지 않는다는 말은, 아이들의 경우에는 정말 틀렸다.

쌤을 만나기 전에는, 제 삶에 어떤 기대가 없었어요. 공부는 왜 하라는 거지? 그냥 흘러가는 대로 살다가 정 아니면 아빠랑 살려고 했거든요. 아무도 나를 건드리지 않는 게 편했어요. 그러다 쌤이 와서 그만 일어나라고, 인사 나누자고, 공부하자고 계속 얘기하는데 처음엔 귀찮았어요. "나 건들지 마세요" 하면서 연필을 던진 적도 있어요. 그러면 쌤이 다시 연필을 가져와요. 이렇게 사람을 무시하는데, 저렇게까지 지지 않는 사람은 처음이었어요. 그렇게 시작된 거죠. 이전에는 성적이 하위권 바닥에서 놀았는데, 쌤과 공부하면서 성적이 오르고, 그러면서 의욕이 생기고, 상위권까지 올랐어요. 제가 공부에 집중하는 날이 올 줄은 진짜 몰랐거든요. 기대했던 점수가 안 나오면 막 화가 나는 거예요. 나에게 지고 있다는 느낌? 그런 이상한 기분을 처음 느껴봤어요. 아, 나도 지기 싫은 게 있구나, 화나는 모습이 있구나, 내 삶에 소중한 것들이 있다는 걸 처음 발견했어요.

'나 건드리지 말라'며 연필을 던지던 때가 있었군요. 화도 나고 무척 난감했을 것 같은데, 성학쌤은 어떻게 참았어요?

세상에 아무 이유 없이 못된 아이가 있을까요? 한 발짝 떨어져서 보니 눈앞의 아이보다, 이렇게 내버려둔 주변 어른들에게 화가 났습니다. 그렇게 감당 못할 아이였으면 센터에 오지도 않았겠죠. 제가 한때 선생님이 되고 싶었잖아요. 지금 내가 이 아이들의 진짜 선생님이면 어떻게 대처해야 할까? 그 생각을 많이 했어요. 혜승이가 계속 그랬으면 저도 포기했을 텐데, 변하기 시작했으니까요. 혜승이가 중3 때 진로를 고민할 때가 생각나요. 일반고에 가서 다른 아이들과 경쟁하면서 성적이 떨어지면 자신감이 떨어질까 봐, 그게 걱정됐어요. 실업고에서 공부를 놓지만 않으면 상위 그룹에 속할 테고, 혹시 공부를 놓더라도 다른 길을 찾을 수 있을 거란 기대를 했습니다. 혜승이가 뭔가 마음먹으면 잘 할 수 있다는 걸 알고 있었어요. 아이들이 계속 반짝이면서 살면 좋겠는데, 혜승이가 살아가는 세상이 만만치 않은 것 같아요.

혜승은 만만찮은 세상에 나갈 준비를 하고 있다. 수업과 병행하며 동네 빵집에 인턴 실습을 나간다. 일을 마치면 저녁이다. 이때 혜승이가 일터에서 텃세가 심하고 직장 내 괴롭힘도 겪었다는 말을 꺼냈다. 깜짝 놀랐다. 성인이 되기 전에 벌써 이런 일에 시달려야 한다니.

먼저 일하던 사람들의 텃세가 심해요. 행주 삶기나 잡일은 다 실습생이 맡아요. 매장에서 일이 잘못되면 나이가 가장 어린 실습생을 탓해요. "네가 똑바로 못해서 이런 일이 생겼다"고. 사실 잘못은 상급자가 할 때도 많거든요. 그런데 경험 많은 사람이 그런 실수를 했을 리가 없다며, 가장 약한 상대에게 분풀이를 하는 거죠. 사회는 나이 어린 사람의 말을 잘 들어주지 않아요. 일터에서 스토킹도 당했어요. 매장 내 CCTV가 없는 곳에서 벌어진 일이라 제 말만으로는 증거가 불충분하다고 하네요. 그런 일이 반복되니까 자존감이 내려가고 우울해요. 때려치우

자니 그동안 고생한 게 많은데, 왠지 지는 것 같아 분하고, 정말 사는 게 쉽진 않네요.

나쁜 일이 있을 때 학교나 주변의 충분한 도움을 받았는지 궁금했다.

분명한 증거가 없으면 힘들 거라고 하던데요. 실습생은 학생이면서 근로자라서, 이런 문제가 생기면 교육청까지 사건이 전달되고 일이 커져요. 어떻게 보면 큰 사건은 아니기도 하고, 또 여러 절차를 밟다가 제가 지칠 수 있고요. 결국 문제를 일으킨 직원은 업장에서 그만뒀으니까 그걸로 된 거죠. 그런데 어른들한테 말해봤자 소용이 있나요?

'그럼, 어른들은 도와줄 수 있지.' 차마 이 말이 입 밖으로 나오지 않았다. 위로한답시고 쉽게 말을 꺼냈으면, 거짓말하는 어른이 됐을지도 모른다. 그래도 찾아보면 '좋은 어른'이 있다는 말은 해주는 게 나았을까? 성학을 만났으니 혜승이도 그 정도는 알 일이다. 지금 혜승에게 소중한 것은 무엇일까?

음, 지금 가장 소중한 건 '시간'이에요. 일터에서는 함께 일하는 동료와 사는 이야기를 나눌 수 있어서 좋아요. 이런 고민이 있구나, 다들 이렇게 살고 있구나, 서로의 인생을 엿보는 시간이 의미 있어요. 집에 혼자 있을 때는 잘 쉬려고 해요. 심신의 안정이랄까, 그런 편안한 시간을 챙기려고 해요. 가끔 친구들과 놀러 가면 피곤한 현실을 벗어날 수 있어서 좋아요. 제 삶에 행복을 주는 그 시간들을 잘 챙기고 싶어요.

혜승이 성학에게 써준 손편지에 대해 물었다. 혜승은 개인 블로그가 있고 글 쓰는 걸 좋아하는 아이였다. 그래도 직접 쓰는 건 안 좋아해서, 손편지 쓰는 것도 오랜만이라며 웃었다. 그때가 시험 기간이었는데 공부는 하기 싫고 글은 쓰고 싶었단다. 그러다 다이소에 들렀는데 예쁜 편지지가 있기에 디자인별로 구입했다. 그 중 한 편지지 세트가 성학에게 전해졌다. 편지에 쓴 가족 걱정 이야기에 대해 물었다.

아빠가 저를 일찍 낳았어요. 아빠 나이 스물넷에 제가 태어났을 거예요. 아빠는 쉬는 날엔 대부분 집에 계세요. 모처럼 쉬는 날인데 "아빠는 친구들이랑 놀러 안 가?"라고 물으면 아빠는 친구가 없대요. 친구들보다 우리 키우는 게 재미있다고 웃으세요. 아빠가 건축 현장에 나가시거든요. 언젠가 너무 춥던 겨울 새벽에 아빠가 일 나가시던 모습을 잊을 수 없어요. 한겨울이라 거리에 사람은 없고 가로등 불빛만 보이는데, 새벽 버스를 타려고 5시에 집을 나서던 모습이요. 아빠의 뒷모습이 너무 안쓰러웠어요. 그래서 일찍 돈을 벌고 싶어요.

모자를 눌러 쓴 혜승이가 이번에는 진짜 울었다. 눈물이 또르륵 볼을 타고 흘러내렸다. 혜승이가 울먹임을 달래며 말했다.

오늘 여기 오기 전에도 일하다 혼났거든요. 그래서 같이 일하는 언니랑 울고 왔는데….

혜승은 초등학교 때 받아쓰기나 글쓰기를 하면 우수상을 곧잘 받던 아이였다. 그런데 중학교에 와서는 '잘하는 게 없는 아이' '그냥 흘러가는 대로 사는 아이'가 되었다. 그러다 자신을 응원해 주는 사람을 만나 이제는 혜승이라는 이름의 삶을 소중하게 챙기고 있다. 그렇다고 슬픔과 눈물이 사라진 건 아니다. 달라진 게 있다면 누구나 버텨야 할 시간이 있음을 깨닫고 있다는 것. 혜승의 편지에 담긴 '정말 아름다운 사람'의 주인공 성학쌤이 답했다.

살면서 '잘한다' '고맙다'는 말은 들어봤는데, '아름답다'는 말은 처음 들었어요. 너무 특별한 말이었어요.

혜승에게 '아름다운 사람'의 의미를 물었다.

편지를 쓰기 전날, 학교 근처에 있는 공원에 들렀어요. 6월의 장미꽃들이 꽉 차 있었어요. 장미꽃마다 크기와 모양이 다르고 색깔도 다른데, 초여름의 햇살을 받으니까 진짜 다 아름답다는 생각만 들었어요. 쌤이 저 말고도 여러 친구들을 만났는데, 각각 아이들에 맞춰 도움을 주고 응원해 줬잖아요. 아, 쌤은 아이들을 장미꽃처럼 돌보아 주셨네, 그 생각이 들었어요.

참 예쁜 이야기였다. 말 한마디라도 놓칠세라 둘의 이야기를 노트북에 바쁘게 받아 적었다. 그 모습이 신기했는지 혜승이 물끄러미 쳐다보더니 말했다. "와, 이렇게 타자를 빨리 치는 사람은 처음 봤어요."

어떤 어른이 되고 싶어요?

혜승 지금은 성학쌤 같은 어른이요. 저 처음 가르칠 때 쌤 나이가 스물한 살인가 그랬어요. 제가 아는 그 나이면, 자기가 저지른 일도 처리 못하고 철도 덜 들었을 때잖아요. 그런데 자기가 맡은 일을 끝까지 책임지려고 했어요. 제가 뭐라고, 쌤에게 반항하고 무시해도 어떻게든 저를 붙잡으려고 했으니까요. 대충해도 되는데, 열정과 시간을 우리에게 투자하고, 돈도 없을 텐데 자꾸 뭐를 사주고요. 자기 일을 정말 소중하게 여기는 사람을 만났어요. 그게 정말 고마워서, 내 삶만큼은 잘 챙겨야겠다는 약속을 하고 있어요. 쌤만큼 헌신은 못하겠지만 나에게, 또 누군가에게 고마운 마음을 나누는 어른이 되고 싶어요.

성학 저는 혜승이를 만났지만, 우리가 모르는 많은 이름들이 있어요. 현재의 삶을 불안해하며 미래에 대한 확신이 없어서 주눅이 들고 방황하는 아이들이요. 그 친구들에게 해주고 싶은 말이 있어요. 지금 난 뭘까, 내 삶은 왜 이렇지, 조급하고 불안할 수 있지만, 꽃마다 피는 시기가 다르다는 말을 꼭 들려주고 싶어요. 그러니 지금 시간을 잘 쌓아서 언젠가는 꼭 자기만의 향기로운 꽃을 피우라고요. 사실 이 말은, 지금 제게 해주고 싶은 말이기도 합니다. 지금 제 삶도 불안하거든요.

바쁜 어른들이 해주지 못한 말을 아이들이 서로 해주고 있었다. 혜승이 던진 질문이 다시 떠올랐다. "제 고민을 어른들한테 얘기하면 도움이 되나요? 소용이 있나요?" 이런 답을 해주고 싶었다.

글쎄요, 그건 잘 모르겠어요. 하지만 이미 혜승이 안에는, 자기의 이야기를 들어주고 문제를 해결해 줄 '어른의 마음'이 있는 것 같아요. 그래서 정말 다행입니다.

인터뷰를 마치고 얼마 후, 성학쌤으로부터 혜승이 전교 우수 학생으로 고등학교를 졸업했다는 소식을 들었다. 근로 계약 기간이 아직 남은 빵집 일을 마치면 대학 입시에 도전할 계획이라고 했다. 성학쌤은 반가운 뉴스를 전하면서 혜승이 부쩍 삶의 열정을 되찾은 것 같다며 자기 일처럼 기뻐했다.

3 이런 꿈은 이상한가요?

청소년 멘티 현석주

현석주는 강원도 영월군 김삿갓면 마대산 중턱의 외딴집에서 나고 자랐다. 그곳에 터를 잡은 건 어머니였다. 석주 어머니는 한때 도시에서 일했지만, 언젠가는 조용한 산에 정착하고 싶다고 늘 생각해 왔다. 그 목표를 마대산에서 이룬 뒤 거기서 가정을 꾸렸다. 몇 가구 정도의 주민들이 모여 사는 인근 동네에서도 제법 떨어진 '나 홀로' 집이었다. 가끔 마대산을 오르는 등산객들이 들렀다. 석주네 집에서는 소일거리로 등산객들에게 전과 막걸리를 팔았다. 어머니가 집에 안 계실 때는 석주가 일을 하고 용돈을 받았다. 어린 나이였지만 전을 부치고 손님을 맞는 게 재미있었다고 했다. 한때 석주는 요리사를 꿈꿨다. 자신이 만든 요리를 사람들이 즐겁게 먹는 모습이 좋아서였다고 한다. 하지만 집안 사정을 생각해 특성화고(한국소방마이스터고, 강원도 영월군 영월읍)에 진학하면서 요리사의 꿈은 정리했다.

집 근처에 조선 후기의 천재 방랑 시인, 김삿갓의 집터와 묘소가 있다. 석주가 어렸을 때는 방치돼 있던 그 터에 지금은 김삿갓문학관이 들어섰다. 터의 영향을 받은 것일까. 석주는 시를 곧잘 쓴다. 그는 몇 편의 시를 김삿갓문화제 등에 출품해 상을 탔다. 어떤 시를 쓰는지 궁금하다고 했더니 〈존재〉라는 제법 묵직한 시 한 편을 보내주었다. "내가 태어난 순간 그녀에게 어머니라는 역할을 건넸다"는 구절로 시작해서 "내가 나로 있도록, 네가 너로 있도록, 서로 곁에 있자"는 바람으로 마무리하는 시였다. 청소년의 발랄한 감성을 예상했는데, 철학적인 내용이었다. 시를 읽으며 속으로 생각했다. '이 아이는 일찍 철이 들었구나.'

한창 들떠도 무방할 나이 열일곱, 긴 인생으로 치면 봄의 시기이다. 그 나이의 아이가 자기 삶을 진지한 태도로 이야기하는 모습이 어른스러웠다.

원래 그렇게 어른스러워요?

아, 친구들과 있을 때는 이렇지 않아요. 어른들과 만날 때는, 어른 같은 태도로 이야기해야 할 것 같아서요.

석주는 폐광 지역 청소년 대상 장학 사업(강원랜드 멘토링 장학 사업)에 참여했다. 정선, 태백, 영월, 삼척, 문경, 보령, 화순 등 전국 7개 폐광 지역 출신 대학생이 해당 지역 취약계층 아이들의 학업과 성장을 돕는 사업이다. 이 사업에서는 장학샘을 '하이샘', 청소년 멘티를 '하이디'라 부른다. 하이디 석주는 중학생 때부터 멘티로 참여하면서, 대학생 형, 누나들과 연결되어 많은 응원을 받았다.

　석주와의 인터뷰는 장학 사업 발대식에서 만나 진행했다. 발대식에서 석주는 청소년 멘티 대표로 참여 소감을 발표했다. 그날 석주와 이야기를 나눈 시간은 1시간 30분 정도였다. 언젠가 아이들을 만날 때, 어른이 가져야 할 마음의 자세로 삼으려고 기억해 둔 책의 한 구절이 있다.

　어린이의 말에 더 많이 귀를 기울이겠다고 다짐한다. 어린이가 표현한 것만 듣지 않고, 표현하지 못한 것이 무엇인지 생각하겠다고. 어린이가 말에 담지 못하는 감정과 분위기가 무엇인지 알아내는 어른이 되겠다고(김소영,《어린이라는 세계》, p. 192).

　"아이가 표현하지 못한 것이 무엇인지 알아내는 어른이 되고 싶다"는 책 속의 말을 간직하고 석주를 만났다. 인터뷰를 하면서 어른의 이야기를 나누기보다 아이의 이야기를 경청하려고 했다. 혹시 딴생각이 들어 반박하고 싶어도 잘 참겠다는, 말하기보다 듣겠다는 마음을 먹었다. 그럼에도 꼰대 같은 편견과 불편한 질문이 불쑥 나왔을지 모를 일이다. "대학에 안 가면 틀린 건가요?" "꿈이 없으면 미래가 불안한 건가요?"라는 질문에는 마땅한 답을 찾지 못해 머뭇거렸다. 정작 삶을 모르는 건 어른일지도 모른다.

　석주에게 부모님은 어떤 분이시냐고 물어보았다. 석주는 어머니는

'깨어있는 분'이라며 자랑했는데, 아버지와는 사이가 좋지 않다고 툭 내 뱉었다. 아버지가 가끔 화를 참지 못해 가족을 힘들게 한다는 이유였다. 아이들이 마음속의 상처를 말할 때 우리는 어떻게 답해줘야 할까. 미안하다고 해야 할지, 우리는 다 자기만의 상처를 안고 살아간다고 위로해야 할지, 아니면 시간이 필요할 거라는 석연치 않은 말을 건네야 할지, 여전히 답을 모르겠다.

어른들은 왜 자꾸 그럴까요?

사랑하고, 사랑받고, 사랑을 나누는 방법을 배우지 못해 그런 게 아닐까요? 저도 아직 어려서 아버지를 용서하지 못하지만, 그래도 어쩌면 불쌍한 분이라는 연민을 갖게 돼요.
    아버지에게 제발 그만 하시라고 소리친 적이 있어요. 한동안은 잠잠했는데, 그러다 또 시간이 지나면 반복됐어요. 지금은 어느 정도 포기 상태입니다.

포기하지 않는다면, 언젠가 바뀔 수도 있지 않을까요?

변화는, 원한다고 해서 그렇게 오지 않는 것 같아요.

나와 너, 우리, 가족…가까운 사이라고 해서 행복한 건 아니다. 그럼에도 석주는 아버지를 걱정하며 말했다.

인생은 유한하잖아요. 서로에게 상처 줄 시간에 당신의 삶을 소중하게 생각하셨으면 좋겠어요. 화를 내고 나서 결국 상처받는 건 자기 자신이 아닐까요.

어머니는 그가 만난 최초의 어른이다. 번잡한 곳이 싫어 조용한 산에서 삶을 꾸리겠다는 결심을 지킨 사람. 석주는 어머니를 그렇게 기억했다. 어머니는 "석주 같은 아들이 있어 행복하다"는 말씀을 자주 하셨다. 아들은 어머니와 이야기 나누는 시간을 좋아했다. 아이들이 어떤 어른을 만나 돌봄을 받을지는 아이가 원하는 대로 되지 않는다. 환경은 아이들의 성장에 지대한 영향을 미친다. 석주는 자신의 환경에 대해 부정적인 생각을 한 적은 없을까.

아뇨. 어떤 환경이든 그 안에서 성장할 기회가 있다고 생각해요. 어른들이 주는 영향, 집의 경제적 상황이 내 삶을 결정할 수는 없잖아요.

석주가 장학 사업에 신청했을 때는 코로나19 팬데믹이 시작될 무렵이었다. 멘티가 되면 청소년 장학금을 받았다. 사회적 격리가 시작되면서 일상이 멈추고 학교도 멈췄다. 석주는 온라인 수업으로 장학샘을 만났다. 외롭고 어지럽던 마음이 안정을 찾는 데 도움이 되었다고 했다. 처음 받은 장학금으로는 온라인 수업용 컴퓨터를 구입했다. 컴퓨터는 수업에만 사용했느냐고 짓궂게 물었더니, "솔직히 게임도 많이 했다"며 웃었다. 읽고 싶은 책도 사고, 저축도 조금 하고, 가족 생활비도 보탰다고 했다. 석주는 장학금 덕분에 번잡한 고민이 꽤 '정리'됐다고 한다.

만약 나중에 큰 부자가 되면 어떨 거 같아요?

제가 그렇게 큰돈을 벌어서 뭐 하겠어요(웃음). 만약 의식주를 해결하고도 돈이 남는다면, 마음이 불행한 친구들을 돕고 싶어요. 가정 형편이 안 좋아서 우울한 친구들 있잖아요. 누군가만 여유 있고 행복한 사회가 아니라, 다 같이 우울하지 않은 사회가 더 좋은 세상 같거든요. 제가 참여한 장학 활동에서 그런 마음을 보아서 감사했어요. 나를 응원해 주는 사람이 곁에 있다는 것만으로 큰 힘이 됐어요. 저도 누군가의 이야기에 귀를 기울이는 따뜻한 어른이 되고 싶어요.

어떤 아이는 결핍이 있어도 꿋꿋하게 긍정을 선택한다. 그런 힘이 어디서 오는 건지 단순한 답은 없을 것이다. 이런 태도를 누구나 쉽게 가질 수 있는 것은 아니기에, 함부로 강요할 수는 없다. 어려움 속에서도 아이들이 긍정을 택할 수 있도록 돕는 역할은 어른과 사회의 몫일 것이다.

제가 태어난 집은 전기가 들어오지 않았어요. 재래식 화장실을 쓰고, 집 구석구석에서 산벌레가 나왔어요. 편리함과 청결에 익숙한 이들에겐 불편한 환경이지만, 저는 그런 특별한 환경에서 자랄 수 있어서 감사해요. 아무리 큰돈을 준다고 해도, 할 수 있는 경험은 아니니까요.

좋은 일이 있으면 나쁜 일이 있고, 원래 삶은 그렇지 않나요? 제게 주어진 환경에 불평하지 않고, 긍정적으로 살아가기로 했거든요.

의젓한 석주에게, 농담을 던졌다. 그런데 석주는 진지하게 대답을 했다.

혹시 '도'를 아세요?

어머니와 평소 문답을 많이 나눴어요. 초등학교 4-5학년쯤인데, 어머니가 이런 질문을 하셨어요. 집에 오래된 대추나무가 있거든요. 그 나무를 보면서 '넌 저 구부러진 나뭇가지를 보면 무슨 생각이 드니?' 하고 물으셨어요. 저는 '자기 방식대로, 있는 그대로 잘 자라는 것 같아요'라고 대답했어요. 어머니가 그 얘길 듣고 크게 기뻐하셨어요. 사람마다 사정이 있고, 행복과 불행은 한쪽에 치우치지 않고, 그렇다면 인생의 무게는 다 같지 않겠느냐는 대화를 나눈 기억이 나요.

2024년 석주를 만났을 때, 그는 고3이었다. 100세 시대에 나이 열여

닮은 어떤 시기일까. 석주의 삶은 '다들 그렇고 그렇게 사는 이야기'가 아니었다. 남들 가는 좋은 대학, 남들 받는 좋은 성적… 그렇게 아이들이 주눅 들고 스트레스 받는 '남들' 이야기 대신 석주는 '나'의 이야기를 선택하고 있었다.

흔히 고3 시기가 앞으로의 인생을 좌지우지한다고 하지만, 저는 그렇게 생각하지 않아요. 그래서 조급하지 않게, 길게 보려고 합니다. 당장 대학은 가지 않으려고요. 군대 다녀온 다음에 취업할 생각이에요. 제 인생에 꼭 대학이 필요하다면 그때 가면 되니까요. 무슨 일을 할지, 어디에 취업할지도 정하지 않았어요. 먼저 군대를 마치려고요. 그렇게 해야 할 일을 하나씩 정리하면, 또 다른 선택의 기회가 오겠지요.

중2 때 석주가 처음 제출한 활동 지원서에는 요리사가 되고 싶다는 꿈이 적혀 있었다. 자신이 직접 만든 요리, 산나물로 부친 전이 맛있다며, '엄지척'을 해주던 등산객이 있어서였다. 예전의 꿈은 접은 거냐고 묻자, 그는 이렇게 되물었다.

장래 희망이 없으면 불안한 삶인가요? 제가 특출난 재능은 없어서요. 하지만 열심히 살면서 내 나름대로 앞가림 잘 하고, 남에게 도움이 되는 사람이 되고 싶어요. 이게 지금의 꿈이라면 꿈인데, 이런 꿈은 이상한가요?

전혀 이상하지 않았다. 자기 앞가림 잘 하면서 남을 도울 수 있는 사람이라니 너무 근사한 꿈 아닌가. 한 방 세게 얻어맞은 기분이었다. 기껏 생각한 꿈이란 게, 아이들의 생각에는 한참 못 미치는 얄팍한 것임을 깨달아서였다. 아이들은 근사한 꿈을 꾸고 있다. 어른들의 선입견과 섣부른 기대로 아이들을 재단하지 않는다면, 아이들은 더 빛나는 꿈을 꿀 수 있다.

어른들이 하지 않았으면 하는 말이 있나요?

남과 비교하는 말은 안 하면 좋겠어요. "넌 왜 그렇게 사니? 다른 아이들은 이렇고 저런데…" 그런 건 안 좋은 말 같아요. 우리들의 세계에서 충분히 고민한 선택에, 고개를 끄덕여 주는 것만으로 큰 응원이 될 것 같아요.

슬슬 인터뷰를 마칠 시간이 되었다. 인터뷰를 마치면 석주는 저녁 기차를 타고 고향 영월로 간다고 했다. 괜히 엉뚱한 질문을 했다.

혹시 아버지와 중국집에 가본 적이 있나요? 아버지의 탕수육 취향은 '찍먹'과 '부먹' 중 어느 쪽인가요?

(잠시 침묵하다가) 아, 모르겠네요. 정말 모르겠습니다.

그때 왜 그런 질문이 떠올랐는지 생각해 봤다. 어쩌면, 가족이라는 이름으로 함께 살면서도 우리는 서로에 대해 잘 모르고 있지 않나, 조금만 더 관심을 갖고 서로를 볼 수 있다면 관계를 회복할 수도 있지 않을까 하는 기대가 숨어 있었는지도 모르겠다.

제가 청소년기에 읽은 책 중에 헤르만 헤세의 《데미안》이 있어요. 어른이 된 지금도 책의 뒤표지에 나오는 문장을 가끔 생각하거든요. "새는 알을 깨고 나온다. 알은 곧 세계이다. 태어나려고 하는 자는 하나의 세계를 파괴하지 않으면 안 된다." 그 문장을 빌려 제 자신에게 묻곤 해요. '정작 너는 알을 깬 적이 있니?'라고.

그 말씀을 들으니 저도 얼마 전에 읽은 책이 생각나네요. 《내가 틀릴 수도 있습니다》라는 책이에요.

인터뷰를 마치고 돌아와 석주의 마음에 담긴 책을 찾아봤다. 저자는 비욘 나티코 린데블라드, 부제는 '숲속의 현자가 전하는 마지막 인생 수업'이다. '나티코'는 '지혜가 자라는 자'라는 뜻이다. 책은 이렇게 말한다.

내가 틀릴 수 있습니다. 참으로 단순하고 명쾌한 진실이지만, 우리는 너무나 쉽게 잊어버립니다(p. 132).

그렇게 오늘 틀린 것, 오늘 너무 쉽게 잊어버린 것들을 생각하는 깊은 밤을 맞이했다. 어른보다 더 어른 같은 아이의 말을 들으며 인생을 생각하는 밤이었다. 조금 더 나이가 들었다는 것만으로 아이들에게 뭔가를 가르칠 요량은 없다. 그냥 더 살아온 날들만큼, 경험해 본 것들에 대해서 말해줄 수 있을 뿐이다.《내가 틀릴 수도 있습니다》에는 지친 어른을 위로하는 문장도 있었다.

인생에서 정작 중요한 건 따로 있었지요. 현재 하는 일에 온전히 집중하기, 진실을 말하기, 서로 돕기. 쉼 없이 떠오르는 생각보다 침묵을 신뢰하기. 마침내 집에 돌아온 것 같았습니다(p.78).

고등학교를 졸업한 석주는 처음 고향을 벗어나 충북의 한 레스토랑에서 일을 하고 있다. 군대 가기 전 공백기에, 예전의 꿈이었던 요리의 세계도 알아볼 겸 취업했다고 전했다. 기숙사 생활을 하는데, 동료들이 잘 챙겨줘서 일터는 만족스럽다고 했다. 한번은 어머니를 레스토랑에 모시고 가서 근사한 식사를 대접했다. 어머니가 많이 즐거워하셨다며 석주가 웃었다.

4 아이가
어른을 위로할 때

멘티에서 장학샘으로, 얀추 헬레나

얀추 헬레나. 가나에서 왔다. 목회자인 아버지를 따라 한국에 왔다. 톨스토이의 소설《안나 카레니나》에는 유명한 첫 문장이 있다. "모든 행복한 가정은 비슷하지만, 불행한 가족은 저마다의 이유로 불행하다." 헬레나에게 저 말은 한편으로 틀렸다. 헬레나의 삶은 모두가 저마다의 이유로 불행하지만, 그렇다고 내가 불행할 이유는 없다고 말하는 듯하다.

지금 헬레나의 가족은 모두 흩어져 산다. 아버지는 신앙의 길을 따라 동남아에, 어머니와 두 동생은 외할머니가 계신 벨기에에 머물고 있다. 헬레나가 고2 때, 한국 정착을 생각하던 가족이 또다시 흩어진 것이었다. 어머니는 혼자 지낼 딸을 걱정하며 벨기에에 같이 가자고 했다. 아직은 어린 딸이 어머니를 따를 것이라 짐작했다. 어떤 게 더 나은 선택일까? 헬레나는 며칠 동안 스스로 묻고 다시 물었다. 결국 한국에 혼자 남기로 하면서 어머니에게 이렇게 말했다.

어른들의 생각과 결정을 존중하지만, 앞으로 제가 살아갈 삶은 스스로 선택하는 것이 중요할 것 같아요. 가족과 함께 있고 싶지만, 다른 나라에 가서 다시 시작하고 적응하는 건 너무 힘들어요. 지금 제게 가장 익숙한 곳, 한국에서 살겠어요.

헬레나는 가족과 작별하고 홀로 남아 대학 입시를 준비했다. 고3이 된 헬레나를 응원해 줄 가족은 멀리 있었다. 미래에 대한 불안이 극심한 그 시기를 혼자 어떻게 버텼을까. 매일 잠들기 전 드리던 '삶의 기도'가 힘이 되었다. 또한 헬레나의 곁에는 이웃이 있었다. 이주민 돌봄센터 선생님들이 있었고, 교회 공동체는 "밥은 먹고 다니냐"며 챙겨주었다. 또 센터에서 만난 점프 장학샘 언니도 있었다.

헬레나와 점프의 인연은 오래됐다. 헬레나는 청소년 멘티로 참여할 때부터 대학생이 되기까지 점프 커뮤니티의 '너를 응원해 청소년 성장 장학금'을 3회 받았다. 헬레나가 깨알 같은 글씨로 적어 보낸 SOS 긴급지원금 신청서에는 이주 배경 청소년의 현실적인 걱정이 담겨 있었다. 하지만 불안한 환경에서도 자신의 삶을 또박또박 걷고 있는 아이의 모습이 보였다.

2024년, 헬레나는 고려대학교 정치외교학과에 입학했다. 헬레나의 입학 소식은 가족에게 엄청난 기쁨을 안겨주었다. 레게 머리에 안경 너머 보이는 크고 동그란 눈을 지닌 헬레나가 맞이한 한국에서의 반짝이는 봄이었다. 여전히 아이의 마음은 기쁨과 걱정이 교차하고 있었지만, 그의 새 출발을 마냥 축하해 주고 싶었다. 헬레나가 말한 '삶의 기도'가 어떻게 응답받는지 궁금하다며 인터뷰를 시작했다. 헬레나는 자신의 이야기를 들려주었다

+ + +

신입생 오리엔테이션은 그렇게 재밌진 않았어요. 학교 생활의 규칙과 정보를 듣는 조금 진지한 자리였거든요. 그래도 새로운 친구들을 만나고 이야기를 나누는 건 좋았어요. 아직은 대부분 외국인 친구들이에요. 서로 다른 삶을 살고 있어서 각자의 경험을 나눌 수 있어요. 저는 일반 한국 학생과 다르게 학교에 증명할 게 많아요. 이주 배경 학생은 입학할 때 제출하는 서류들이 많거든요.

경기도 부천의 자취방을 떠나서 기숙사 생활을 시작해요. 학교 기숙사는 오르막길을 한참 가면 골목길 끝자락에 있어요. 방을 배정받던 날이 기억나요. 꽉 찬 캐리어를 끌고 기숙사로 향하는 길을 오르는데 숨이 차더라고요. 방에 짐을 두고 도서관에 가보았어요. 앞으로 어떤 길을 다니게 될지 궁금했거든요.

제 전공은 정치외교학이에요. 제가 자라온 환경이 진로 선택에 영향을 주었어요. 심리학을 생각했던 적도 있어요. 심리학을 전공하면 저 같은 다양한 배경의 아이들을 도울 수 있을 것

같아서요. 이주 배경의 사람들은 낯선 사회에 정착할 때 어렵게 적응해요. 아직 한국이 소수자에게 호의적인 사회는 아니잖아요. 나와 다른 사람들에 대한 배려가 쉽지 않다는 건 이해해요. 하지만 사람들의 시선에 상처받을 때가 있어요. 이주 노동자는 일을 하다 사고가 나면 의심부터 받는대요. '괜찮아요?'가 아니라 '뭔가 잘못해서 그랬겠지' 하는 시선이요. 비자 문제 때문에 언제라도 한국을 떠나야 한다는 걱정도 많죠. '사회적 배려'라는 말은 흔하게 들을 수 있지만 막상 현실에서는 거리가 먼 얘기예요. 여전히 차별은 존재해요. 다음 세대는 제가 겪은 외로움과 불안을 덜 겪었으면 좋겠어요. 그런 꿈을 펼치고 싶어서 정치외교학과를 선택했어요. 다르고 약하다는 이유로, 차별과 상처를 받는 사람들을 도와주는 공부를 하고 싶어요.

제가 계속 한국에 머물기 위해서는 대학에 입학해야 했어요. 만 19세 이상 성인이 되면 대학교 등의 소속이 있어야 체류 연장이 가능해요. 이런 불안한 조건은 한편으로 강력한 동기 부여를 해줘요. 대학에 가면 여기서 계속 살 수 있다는 말이니까요. 저는 외국인 전형을 준비했어요. 지원 조건이 까다로워서 꼼꼼하게 챙겨야 해요. 고등학교 때 '생기부'(생활기록부)에 신경을 많이 썼어요. 말하기 대회, 사회봉사 등 학교 활동에 적극적으로 참여했어요.

혼자 준비했다면 원하는 결과를 얻지 못했을 거예요. 제 목표를 선생님께 말씀드리고 진로 상담을 하면서 정보를 얻었어요. 특히 논리 수행평가를 열심히 준비했어요. 외국인 차별 문제, 전쟁, 독도 분쟁 등의 주제에 대해 다양한 관점을 배웠어요. 고3 때는 은지쌤에게 도움을 많이 받았어요. 쌤은 자기 일처럼 챙겨줬어요. 쌤과 보낸 따뜻한 시간을 잊지 못해요. 입시를 준비하면서, 가족과 떨어지기로 한 나의 선택이 틀리지 않은 길이기를 기도했죠.

합격 소식을 듣고 가족들이 크게 기뻐하셨어요. 한국에 혼자 남은 저를 보며 얼마나 걱정하셨겠어요. 제 선택을 자랑스럽게 증명할 수 있어서 정말 다행이에요. 외할머니는 집안의 장손이 큰일을 했다고, 우리 가족에게 길을 열어줬다면서 행복해하셨어요. 그런데 행복에 취해 있을 수만은 없었어요. 당장 등록금 마련할 일이 걱정이었거든요. 다행히 친척과 주변 분들이 도와주셨어요. 등록금 납입 기한 이틀을 남기고 돈을 마련했어요. 저의 간절한 기도, 이웃들의 좋은 마음이 모여 길을 열어주었어요.

저는 목회자인 아버지의 영향을 많이 받았어요. 기도라는 단어를 안 후 제 삶을 위해 언제나 기도하고 있어요. 가족의 경제적 문제와 건강을 위한 기도를 많이 했어요. 사랑하는 가족이 힘들지 않았으면 좋겠다고, 그래도 원치 않는 힘든 상황이 닥칠 때 새로운 길을 열어 달라고 기도해요. 또 저의 기도는, 혹시나 곁에서 도와줄 사람이 없더라도 제 삶을 스스로 개척하겠다는 다짐이기도 해요.

어떤 고민은 부모님도 이해하기 힘들고 친구들한테 이야기하기에도 너무 무거워요. 선생님께 털어놓을 수도 없고요. 내 이야기를 들어줄 누군가가 필요한데, 그게 매일 혼자 하는 기도였어요.

그래도 왜 이렇게 힘든지 답답하고 원망스러울 때가 있더라고요. 제가 엄청 단단한 사람 같나요? 현실에서 저는 짜증을 잘 내고 울기도 하는 사람이에요. 그렇지만 삶의 어려운 시험은 동생들보다는 내게 달라고 기도해요. 어린 동생들보다는 내가 더 이겨낼 힘이 있을 것 같아서요. 내게 온 시련이 나를 더 좋은 사람이 되게 할 거라고 생각해요. 만약 쉬운 길로만 왔다면 이렇게 성장하지 못했을 거예요.

헬레나에게 가족이란 무엇일까요?

제 가족은 '지금 여기'가 아닐까요. 가족처럼 저를 걱정하고 챙겨주신 분들이 있어요. 혼자인 제가 끼니를 거를까 봐 챙겨주고, 밥을 안 먹었다고 하면 나무라셨어요. 힘을 내려면 먹어야 한다고요. 고등학교 졸업식에 부모님은 못 오셨지만, 이웃이 다들 오셔서 축하해 주셨어요. 그렇게 힘들 때 곁에 있어 주고, 좋은 일에 함께 웃어 주는 지금 이곳의 사람들이 제게는 소중한 또 하나의 가족이에요.

혼자 지내면서 멀리 떨어져 있는 가족을 생각하면 더 특별했어요. 같이 살 때는 엄마가 자꾸 집안일을 시켜서 귀찮고, 동생들과 공간을 나누어 쓰는 게 불편하기도 했어요. 그런데 지금은 그런 가족들이 너무 보고 싶어요. 엄마의 음식도 그립고요.

헬레나는 중학교 때부터 경기글로벌센터에 다녔다. 거기서 만난 점프 선생님들은 헬레나의 고민에 귀를 기울여 주었다. 헬레나는 그렇게 자기를 바라봐주는 사람에게 부끄러운 모습을 보여주기 싫고, 약속을 지키고 싶어서 더 열심히 했다. 헬레나는 자신의 인생에서 점프 선생님들은 '어두운 밤하늘에 빛나는 별 같은 분들'이라고 했다.

헬레나 곁에 따뜻한 이웃과 장학샘들이 있어 참 다행입니다. 하지만 여전히 세상은 힘든 사람들한테 더 빼앗아가려고 하잖아요. 곤경에 처한 타인을 돕는 선한 마음은 어디서 시작되는 걸까요?

저의 아버지는 오랫동안 알고 지낸 친구들에게 배신당한 적이 있어요. 아버지에게 용서를 구하지도 않았어요. 그런데도 아버지는 과거는 묻고 친구들에게 어려움이 생기면 또 조용히 도와주시더라고요. 이상했어요. 저 같으면 그 사람들을 그냥 무시할 것 같아요. 아버지가 제게 이런 말씀을 하셨어요. 그들도 후회하고 있을 거라고요. 미안하다는 말 한마디 못 하는 어려운 사정이 있을 거라면서, 과거는 잊고 미래를 생각하는 게 마음이 편하다고 하셨어요. 또 다른 사람을 도울 때 행운이 찾아온다고 하셨어요. 아버지의 말씀을 기억하면서, 미래의 저 또한 사람을 도와주는 자리에 있고 싶어요. 나만 왜 이렇지, 왜 힘들지, 이런 마음이 들 때 혼자 생각해요. 남과 비교하지 말자. 누구나 힘든 고민이 있을 거고, 누군가는 내 삶을 질투하고 있을지도 모를 일이라고요.

위로라는 건, 삶의 여유가 있는 사람들이 하는 줄 알았는데, 그게 아니었다. 헬레나는 자신이 받은 위로와 응원을 따뜻하게 간직하고, 그 따뜻함을 나누는 어른이 되어 가고 있다. 헬레나에게 마지막 질문을 했다.

언젠가는 가족이 다시 모여 살지, 지금처럼 제각기 살아갈지 알 수 없겠군요. 헬레나에게 고향은 어디일까요?

저는 고향이 여러 곳이거나, 고향이 없는 사람 아닐까요. 그런데 아쉽지는 않아요. 어디든 갈 수 있는 사람이잖아요. 저는 어디에서든 좋은 사람들을 만나 함께 먹고, 서로의 이야기를 나눌 수 있어요. 제게 고향이란 다시 돌아갈 곳이 아니라, 그곳이 어디든 미래의 나를 만들어가는 곳이라는 생각이 드네요.

"이제 대학생이 되었으니 헬레나도 장학샘이 되어 보는 건 어때요?"라고 물었더니 "1학년은 학교에 적응하는 데 집중해야죠. 어쩌다 시간이 나면 그냥 신나게 놀려고요"라며 웃었다. 인터뷰를 한 지 1년이 지나, 2학년이 된 헬레나가 점프 장학샘으로 활동한다는 소식을 들었다. 그 반가운 소식에, 우리의 삶은 연결되어 계속 흐른다는 것을 확인할 수 있었다.

5 우리는 서로에게
어떻게든 영향을 미친다

장학샘 김은지

김은지는 앞 장에서 소개한 헬레나의 고3 시절을 함께한 장학샘이다. 한국에 혼자 남아 고군분투하던 입시생 헬레나에겐 정말 든든한 우군이었다. 헬레나의 말을 빌리면, '어두운 밤하늘에 빛을 밝혀준 사람'의 한 명이다. 그러나 은지쌤은 "교육 봉사를 하던 당시 나는 주눅 들어 있었다. 아이들에게 어떤 도움이 될지 자신이 없었다. 장학샘 활동은 '내 존재의 쓸모'를 찾기 위해 시작한 일"이라면서, 아이들이 감사하다고 말할 때, 답답한 현실이 충만해졌다고 회고했다.

+ + +

헬레나는 참 대견한 아이였어요. 제가 장학샘 활동을 시작할 때는 저와 매칭된 멘티가 아니었는데, 고3 입시생이 되어 저를 만났어요. 이주 배경 아이들은 같은 학년이라도 한국어 수준이 다르고, 학습 격차가 났어요. 아이마다 맞춤별 학습 지도가 필요했죠. 저는 헬레나를 비롯해 중국, 파키스탄 출신 등 다양한 배경을 지닌 6명의 아이를 가르쳤어요. 원래는 주 2회 활동인데, 담당하는 아이들이 늘어나다 보니 주 3회 이상 센터에 나갔어요. 그래도 시간이 부족하면 주말에 온라인으로 수업을 했습니다. 누가 요청한 건 아니고, 자발적으로 한 거예요. 시작할 때만 해도 제가 그렇게 열심히 하게 될 줄은 몰랐어요. 제가 만난 아이들이 억지로 왔다는 식의 태도였으면 저 역시 대충 했을 거예요. 그런데 아이들이 다들 의욕이 넘쳤어요. 그렇게 의지를 보이는데 제가 게으를 수는 없잖아요.

대부분 고3 친구들이라 7월부터는 입시 준비를 함께 도왔어요. 학원에서 대학교 진학 관련한 보조 아르바이트를 했던 경험이 있어요. 그래서 입시를 제법 안다고 생각했는데, 저 대학 갈 때랑 몇 년 차이가 안 나는데도 입시 전형이 워낙 다양해졌어요. 특히 센터 아이들에게 해당하는 외국인 전형은 모르는 분야였고, 준비할 서류가 많아서 헷갈렸어요.

제가 삼수를 했거든요. 삼수했다고 하면 '고생했네. 힘들었겠다' 이러는데, 저는 좀 특이한 타입이에요. 재수, 삼수 시절이 한편으로 재밌었거든요. 각 대학에서 만든 다양한 입시 전형과 모집 요강을 보는 게 재미있었고, 직접 꼼꼼하게 챙기다 보니 어느 정도 입시에는 도가 텄다고 할까요(웃음). 올해 입시는 뭐가 달라졌는지 파악하는 것도 은근히 재미있어요. 한국 사람인 저도 헷갈리는데, 이주 배경 아이들은 얼마나 어렵겠어요. 외국인 전형도 아이들의 환경에 따라 입시 준비가 달라요. 예를 들어 재외국민과 순수 외국인 전형은 대상자가 다르고, 교내 접수처도 달라서 문의가 쉽지 않고, 준비할 서류도 많았어요. 그 덕분에 멘티 아이들이 지망하는 학교와 학과별 입시 전형을 정말 열심히 공부했어요. 마치 제가 입시를 준비하는 것처럼요(웃음).

제가 다른 사람에게 살갑거나 따뜻하지 않거든요. 아이들한테 예쁘게 말하는 타입도 아니에요. 그런 제 성격을 알아서, 저학년 아이들은 담당하지 않겠다고 했어요. 어린이에겐 다정하고 명랑한 선생님이 잘 맞을 테니까요. 대신 좀 까칠하게 대해도 되는 고등학생을 맡게 된 거죠(웃음). 아이들 만나보면 아실 텐데, 너무 열심히 하거든요. 그런 모습을 보면 하나라도 더 해주고 싶은 애정이 막 생겨요. 내가 특별한 사람도 아니고 예쁜 말도 못 해주는데, 그래도 쌤이 좋다고, 고맙다고 반겨주는 아이들이었어요. 어른들이 요즘 아이들 보며 못마땅해서 하는 말들이 있잖아요. '넌 꿈도 없어?' '매사에 왜 그렇게 삐딱해?' '다 너 생각해서 하는 말이니까 제발 어른 말 좀 들어.' 하지만 제가 만난 아이들은 절대 무기력하거나 대충 살지 않았어요. 이주 배경 아이들에게 대학은 정말 중요한 삶의 관문이에요. 이건 정착과 안정의 문제거든요. 고등학교를 졸업하고 성인이 되었는데 대학이라는 '정착지'가 없으면, 체류 연장이 안 될 수 있어요. 이 아이들에게 대학이 그만큼 절실한 문제라는 걸 나중에 알았어요. 다행히 제가 만난 아이들은 원하는 대학교와 진로가 분명했습니다. 자기의 미래를 계획할 줄 알고 삶의 의지가 강한 아이들이었어요. 아이들이 체류 목적 하나만으로 저렇게 열심히 하는 걸까 문득 궁금할 때가 있어요. 그렇지 않더라고요. 아이들에게는 삶의 동기가 필요하다는 걸, 그들도 자기 인생에 대한 진지한 각오가 있다는 걸 깨달았어요.

그때 제가 맡은 아이들은 대부분 대학에 입학했어요. 한국에서 어른이 될 수 있는 자격을 얻은 거죠. 아이들도 원하는 대학에 입학했고 저도 그만큼 열심히 했으니까, 홀가분하게 내 생활로 돌아갈 생각이었어요. 그런데 센터에 남은 아이들이 눈에 또 밟혔어요. 활동 당시 알았던 아르샤가 고3이 됐거든요. 그 아이를 모른 척할 수가 없더라고요. 아르샤는 조금 늦은 사춘기를 겪는 중이었어요. 공부보다는 친구가 중요하고, 작은 말에도 상처받는 내성적인 아이였어요. 아이 성격상 이제 고3인데 입시 준비 좀 도와달라는 말을 못 할 거 아니까요. 제가 먼저 아르샤에게 연락했어요. 그런데 막 특별하게 시간 내는 것처럼 하면 부담 느낄 성격이니까 "친구들과는 잘 지내? 대학은 어디 갈 거야? 너 시간 되면 입시 준비하는 거 봐줄게." 그런 식으로 흘러가듯 안부를 묻는 거죠. 아르샤가 "쌤도 바쁘지 않아요? 전 괜찮은데…" 하면서 미안해하면, "그냥 근처 지나갈 일이 생겨서

센터에 들르는 거야. 그때 얼굴 한번 보자.'' 그렇게요.

장학샘 활동하면서 만난 아이들과는 가끔씩 연락하고 지내요. 제가 맡았던 아이 중 중국인 친구 한 명만 소식이 끊겼어요. 다들 대학에 붙었으니 연말에 센터에서 같이 보자고 했는데, 답이 없네요. 솔직히 처음엔 조금 서운했어요. '내가 그렇게 열심히 챙겼는데, 왜 연락이 없지?' 그런 마음이 들었거든요. 돌아보니 제 생각이 짧은 거였어요. 아이들도 제가 다 알지 못하는 사정이 있을 테니까요. 그렇게 생각하면 계속 연락하는 친구들이 특별하고 고맙죠. 잠시 소식이 끊긴 그 친구가 잘 지내고 있기를 바랍니다.

헬레나가 대학에 입학하고 나서 어느 날 연락이 왔어요. 혼자서 1학년 1학기 시간표를 짰다면서 봐 달래요. 확인해보니 신입생에게는 엉망인 시간표였어요. 대부분 고학년 대상의 수업을 신청했더라고요. 저한테 연락한 날이 수강 신청 마지막 날이었을 거예요. 그대로 했으면 수업을 따라가기 힘들었을 거예요. 그래도 마감 전에 확인해서 얼마나 다행이던지. 그렇게 1학기를 마치고 고맙다며 연락을 하더라고요.

고맙다는 말을 듣는데 왜 제 마음은 안쓰러웠을까요. 헬레나는 여전히 고군분투 중이구나. 친구들과 상의하면 좋을 텐데, 학교 선배들은 안 도와주나? 헬레나는 외국인 전형이라 비슷한 환경의 외국인 친구들과 오리엔테이션을 받았을 거예요. 한국 친구들은 선배들이 도와줬을 텐데, 헬레나는 답답한 일이 생기면 먼저 떠오르는 사람이 저였겠죠. 잘 버티고 있어서 고맙지만 한편으로 걱정되죠.

　헬레나도 차차 친구들이 생기고 저에게 오는 연락도 줄어들겠죠. 어쩌면 소식이 끊길 수도 있고요. 자연스럽게 받아들여야죠. 그래도 아이들이 어떻게 살아갈지 궁금할 것 같긴 해요.

사회적으로 아이들에게 붙이는 이름도 괜찮은지 생각을 하게 돼요. 게다가 이주민, 이주 배경, 다문화, 중도 입국 등 세부적으로 분류하는 용어도 많잖아요. 그런 분류를 하지 말고 그냥 아이들을 존재 자체로 보아 줄 수는 없을까요?

　그렇게 분류하다 보면 사람 사이에 벽이 생기겠죠. '난 너와 달라'라는 말이 이해와 존중이 아닌 차별과 무시로 이어질 수 있어요. 만나 보면 다 똑같은 아이들이에요. 중국, 북한, 파키스탄…이런 출신지의 구분이 아니라, 다들 공부 잘하고 싶어 하고, 고3이라 힘들고, 가족에게 보탬이 되는 사람이 되고 싶고, 자기 삶을 잘 살고 싶어 하는 아이들이죠. 저마다 환경은 다르지만 그걸 다르게 보지 않는 사회가 되어야 해요. '다르다'가 차별의 말이 되어서는 안 돼요.

　아이들과 함께한 따뜻한 경험 덕분에 세상을 다르게 보게 됐어요. 장학샘 활동을 마치고 사회문제 해결 프로젝트에 참여했어요. 대학생이 사회 문제를 발굴하고 해결책을 모색하는 SK행복나눔재단의 '써니 스콜라' 프로젝트인데요. 저는 체류 문제로 걱정하는 다양한 배경의 아이들을 도와주고 싶었어요.

중도 입국이나 이주 배경의 아이들은 제 나이에 맞춰 한국 학교에 입학하지 못하는 경우가 생겨요. 그렇게 시작하면, 그만큼 뒤처져서 학교 적응이 힘들죠. 또 한국어에 익숙하지 않으니 수업을 따라가기 힘들어요. 한국어를 제법 배웠다고 해도 학교에서 서술형 문제를 풀 정도는 아니죠. 얼마나 답답하겠어요. 그러다 보니 한국에서 미래를 꿈꾸는 걸 포기하게 되는 거죠. 어른들의 선택에 따라 낯선 한국에 왔는데, 우리 사회는 아직 아이들 각각의 사정을 헤아려 줄 만큼 큰 그릇이 못 되니까요.

우리 팀의 프로젝트 주제는 '이주 배경 아이들을 위한 사고 도구어 교재'였어요. '사고 도구어'는 교과를 막론하고 문제를 이해하고 논리와 답을 찾기 위해 사용하는 단어를 뜻해요. 체류 방식과 자격, 교육 단계에 맞춰 교육법을 만들려고 했죠. 그렇게 아이들의 교육 공백을 줄일 수 있는 방법을 찾아주고 싶었어요. 이런 고민은 제가 장학샘으로 아이들을 만나지 않았다면 전혀 모를 일이죠. 제가 만난 아이들의 고민과 현실이 제 삶에 들어와서, 이런 프로젝트까지 이어진 거죠. 좋은 아이들을 만난 덕분에 저도 사회에 도움이 되는 어른이 되고 싶다는 생각을 하게 되었어요.

은지쌤은 '선생님'으로 불린 경험에 대해 솔직한 심정을 털어놓았다.

장학샘 활동을 했다고 하면 사람들은 저를 좋게 보겠지만, 제가 아는 저는 이기적인 사람이에요. '쌤'이라는 호칭은 여전히 부담스러워요. 나처럼 부족한 사람이 '쌤'이라는 이름을 가져도 될까요? 사실 교육 봉사 활동은 제 삶의 쓸모를 찾는 과정이었거든요. 대학생이 되었지만 '나 잘 살고 있나?' '내 삶의 의미는 뭐지?' 같은 질문이 떠오르면 좀 우울했거든요. '그래도 김은지라는 사람의 쓸모가 있을 텐데….' 그 생각으로 봉사 활동을 시작했어요.

점프 장학샘 활동을 하기 전에 교내 야학에 참여한 적이 있어요. 그때 기억에 남는 청년이 있어요. 20대 후반쯤 되는 청년이었어요. 가정 환경은 불우했고 우울증과 대인기피증으로 대부분 혼자 집에 있는 '은둔형 외톨이'였어요. 주변에서 야학에 나가보라는 권유가 있었나 봐요. 그래서 용기를 내서 신청은 했는데, 집 밖으로 나와 버스를 타면 너무 괴로운 상태가 되는 거죠. '이러다 무슨 일이 생기면 어떡하지? 사람들이 나를 이상하게 쳐다볼 텐데' 하는 심각한 불안감에 휩싸이는 거죠. 그 청년의 상황을 미리 전해 들어서 신경이 많이 쓰였어요. 그래서 자주 안부를 물었어요. "오늘 야학에 오시나요?" 출석을 권하고, 빠진 날에는 "오늘 수업에는 왜 안 오셨어요? 저도 그렇고 다른 학생들도 궁금해해요" 그렇게 또 묻고요. 계속 안부를 물으며 격려했지만 그분은 수업에 거의 참석하지 못했어요. 모처럼 받는 관심보다 밖을 나서는 두려움이 더 컸던 거겠죠. 그렇게 한

해가 지날 무렵이었어요. 그분한테 마음이 담긴 긴 문자 메시지를 받았어요. 선생님의 소중한 시간을 뺏는 것 같아 너무 미안하고 감사했다는 내용이었습니다. 그 문자를 받고 감정이 복잡했어요. '나 역시 부족한 사람인데, 내 삶 하나 잘 챙기지 못하는데, 어렵게 세상 밖으로 나온 그에게 도움이 되지도 못했는데, 그런 내가 뭐라고 선생님이라고 불려도 되나?' 정말 부끄럽고 미안했어요.

'내가 하는 말, 행동이 누군가에게 어떻게 다가갈까?' 그 청년 학생이 느꼈을 감정을 떠올리며 그런 생각을 처음 한 거예요. '우리는 서로 어떻게든 영향을 미치는 존재구나.' 참 이상한 감정이었어요. 센터에서 만난 아이들, 그 외톨이 청년…더 외롭고 더 상처를 안고 살아가는 이들이 있어요. 사회는 그들을 안다고 말하지만, 정작 아무것도 모를 수 있어요. 모른 척하는 게 편하니까요.

돌아보면 저도 관심과 지지를 받을 때 안정감을 느꼈거든요. 아이들과 함께 보낸 시간은 내 삶에 정말 큰 위로가 됐어요. '내가 아이들에게 뭔가 도움이 됐네.' '아이들 삶에 관심을 보이는 친구가 필요했구나.' 제가 잘했다거나 어떤 효능감을 말하는 게 아니에요. 아이들을 챙겨 주면서 '내가 어딘가에는 쓸모가 있었네' 하는 위로를 받았어요. 저 역시 나약한 존재라서, 칭찬과 응원의 말이 필요했거든요. 아이들이 제게 그 말을 해줬던 거였어요.

센터에서 만난 파키스탄 아이들이 기억나요. 다른 아이들에 비해 제법 의젓한 친구들이었어요. "애들아, 오늘은 쌤이 맛있는 거 사줄게" 하면, 그 아이들이 그래요. "쌤, 대학생인데 돈 없잖아요. 자꾸 밖에서 돈 쓰지 말고 우리 집에서 같이 먹어요." 그래서 집에 초대받은 적이 있어요. 어머니께서 파키스탄 전통 음식을 잔뜩 준비하셨어요. 다양한 향신료로 양념한 염소 요리가 나오고, 여러 재료를 싸 먹는 얇은 빵도 있었어요. 정말 정성껏 준비하셨다는 걸 알 수 있었죠. 파키스탄에서 염소 요리는 귀한 손님을 대접할 때 만드는 요리라고 해요. 살면서 그만큼 귀한 대접을 받은 적이 있을까요.

가족과 식사를 하면서 아이들의 삶을 구체적으로 볼 수 있었어요. 어른과 아이의 언어가 쪼개져 있더라고요. 첫째와 둘째는 제법 한국말을 하지만, 집에만 있던 막내는 엄마가 쓰는 모국어밖에 몰라요. 어머니 역시 한국어를 잘 모르세요. 아이들이 저를 초대하지 않았다면, 가족을 만나지 않았다면 전혀 모를 일이잖아요. 저는 아이들에게 아주 작은 걸 주었는데 아이들은 제게 너무 큰 마음을 주었어요. 제가 더 많이 배운 거죠.

은지쌤이 꺼낸 '쪼개졌다'는 단어가 마음에 걸렸다. 함께 살아가는 사회란, 이런저런 쪼개짐을 붙여나가려 애쓰며 방법을 고민하는 사회일 것이다.

제2부

아이에서
어른으로

6 그렇게
    엄마가 된다

멘티 출신 1호 장학샘 천소망

천소망의 고향은 우즈베키스탄, 태생은 고려인이다. 아버지가 한국에서 일하다 갑작스러운 사고를 당한 뒤 한국에 들어왔다. 그때 소망은 초등학교 6학년이었다. 소망에겐 '중도 입국 자녀'라는 분류표가 붙었다. 외국에서 태어나 성장하다가 부모를 따라 자기 나라로 들어오거나 귀화한 아이라는 뜻이다. '중도 입국'이라는 짧은 두 단어의 조합은, 소망의 긴 사연을 행정적으로 압축한 말일 뿐이었다.

고려인은 옛 소련 지역에 살던 이주 한민족을 말한다. 일제 시대에 중국 만주로 이주한 사람들은 조선족으로, 소련 연해주로 이주한 사람들은 고려인이라 불렸다. 1937년 스탈린과 몰로토프가 '극동의 국경 지역에서 한인 추방'이라는 결의서를 채택했다. 이 같은 정치적 결정에 따라 극동 지역에 정착했던 17만 2천여 명의 고려인이 중앙아시아로 강제 이주를 당했다. 강제 이주의 이유 중 하나는 어처구니없었다. 극동 지역에서 일본의 간첩 활동을 방지하기 위한 목적이었다는데, 고려인의 생김새가 일본인과 구분이 어렵다는 게 이유였다. 소망의 조상들은 삶의 터전을 잃고 낯선 우즈베키스탄에서 새로운 삶을 개척해야 했다.

2024년 초여름 청주에서 만난 소망은 작은 체구에 살짝 배가 부푼 예비 엄마가 되어 있었다. 남편은 고려인 동포로 대학교에서 캠퍼스 커플로 만나 가정을 꾸렸다. 소망과의 인터뷰는 '다양한 배경을 가진 아이들은 낯선 곳에서 어떻게 정착하여 성장하고, 어떤 어른이 되는가?'에 대한 주제가 큰 비중을 차지했다. 소망의 과거와 현재가 어떤 답을 말해 줄지 궁금했다. 소망의 이야기를 들으면서, 한 아이가 낯선 환경에 정착하도록 공동체가 돕는 일은 단절된 역사를 잇는 특별한 일이 될 수 있 겠다는 생각이 들었다.

우즈베키스탄에는 고려인이 많이 살았어요. 저희 집안은 증조부와 할아버지, 할머니부터 사셨어요. 주변에 고려인이 많아서 차별은 느끼지 못했어요. 아버지는 건설 현장 기술자, 어머니는 가정주부셨습니다. 제가 네 살 때쯤 아버지가 일을 찾아 혼자 한국에 왔어요.

그 해는 2000년이었다. 새천년의 기대와 'Y2K 종말론'으로 어수선하던 한국으로, 우즈베키스탄의 한 고려인이 생계를 위해 들어왔다. 그는 오랜 고향에서 '코리안 드림'을 펼치리라 기대했을 것이다. 아직 어린 남매와 가족은 우즈베키스탄에 남았다.

소망은 위로 두 살 터울인 오빠가 있다. 엄마에게 아빠가 어디 갔냐고 물으면, "우리 가족을 위해 해외에서 돈을 벌고 있다"는 대답을 들었다. 딸은 아빠의 존재를 띄엄띄엄 가족의 안부를 묻던 전화 속 목소리로 알았다. 아빠는 한국에서 건설 현장 노동자로 일했다. 소망이 우즈베키스탄에서 초등학교를 졸업할 무렵 사고가 터졌다. 현장에서 일하던 아빠가 추락해서 크게 다쳤다. 간병을 위해 엄마가 먼저 한국에 들어왔다. 아빠를 만나러 소망과 오빠도 뒤이어 한국을 방문했다.

아빠를 만나러 한국에 가야 한다고 했을 때는 그런 위급한 상황인 줄 몰랐죠. 그냥 아빠를 만난다는 마음에 설렜어요. 아빠의 첫 모습이요? 휠체어를 타고 계셨어요. 아빠가 환하게 웃었는지, 슬픈 얼굴이었는지 잘 기억이 안 나요. 어, 지금 이건 무슨 상황이지. 아빠는 어떻게 된 거지? 그냥 멍했어요. 반가워야 하는데 뭔가 낯설었어요. 그리운 아빠를 만났지만, 뭐가 어떻게 돌아가는지 알 수 없는 정말 이상한 시간이었어요.

아빠는 다행히 주변의 적극적인 도움으로 산재 판정을 받았다. 가족은 아빠를 간병하기 위해 병원 근처에 임시 거처를 구했다. 그렇게 온 가족의 한국살이가 시작됐다. 언젠가 아빠와 함께 지낼 날을 기대했지만, 이런 식일 줄은 몰랐다. 소망은 우즈베키스탄에서 초등학교 졸업을 앞두고 있었다.

아빠를 보면 슬펐지만, 솔직히 한국 생활은 신기했어요. 병원 휴게실에서 재미있게 컴퓨터 게임을 하고, 다른 가족의 아이들과 배드민턴과 탁구도 쳤어요. 엄마가 잠시 여유가 생기면 함께 서울랜드나 롯데월드에도 놀러 갔어요. 3개월 정도 그렇게 지내면서 한국이 신기하고 관심이 생겼어요. 무엇보다 아빠랑 떨어지기 싫었거든요. 그런데 아빠 병문안을 위해 임시 비자를 받은 거라서, 다시 우즈베키스탄으로 돌아가야 했어요.

그로부터 1년 뒤 소망은 오빠와 함께 다시 한국을 찾았다. 주변 사람들의 도움으로 장기체류가 가능한 가족 동반 비자를 받았다. 이제는 온 가족이 한국에 머물 수 있었다. 한국 정착을 도와준 사람들이 너무 고마워서였을까? 소망은 그때를 또렷하게 기억하고 있었다.

병원에서 알게 된 한국분들이 우리 가족을 딱하게 생각하셨나 봐요. 우리 형편을 알고 그분들이 적극적으로 입국 문제를 도와주셨어요. 아빠가 병원에서 알게 된 사람들이 신원보증을 서 주셨대요. 그러다 무슨 일이 생기면 신원보증인이 책임을 져야 해서, 원래는 꺼리는 일이라고 해요. 나중에 들으니 우리 가족의 신원보증을 서 준 분이 가족들한테 혼났대요. 왜 그런 일을 상의도 없이 결정했냐고요. 그분들 덕에 한국에 올 수 있었고 아빠를 다시 만났어요. 제가 다시 한국에 들어올 때가 여름방학 때였어요. 마침 아빠의 생일이 여름이라, 온 가족이 함께 축하

할 수 있었어요. 무척 기쁜 날이었어요. 우즈베키스탄은 가족의 생일을 아주 소중하게 챙기거든요.

소망은 가족의 한국 체류 문제를 설명하기 위해 엄마와 함께 인천 출입국관리사무소에 갔던 날을 잘 기억하고 있었다.

출입국관리사무소 분위기가 엄격해서 많이 긴장했어요. 엄마가 서툰 한국어로 아빠를 간병하는 어려운 사정을 얘기하셨어요. 우리 가족에게 정말 중요한 문제인데, 제가 도울 수 있는 일이 없었어요. 엄마 말을 못 알아들으면 어떡하나, 일이 잘못되면 어떡하나, 걱정하며 조용히 상황을 지켜봤어요. 그저 〈장화 신은 고양이〉에 나오는 고양이처럼 '제발 우리 가족을 지켜주세요' 하는 애처로운 표정으로 엄마 곁을 지켰어요(웃음).

원래 나이대로는 중학교에 입학해야 했다. 그런데 한국어를 거의 몰랐다. 아이가 입학할 만한 중학교를 수소문했지만 대부분 난색을 표했다. 학교생활에 적응하기 어려울 거라는 이유였다. 소망은 한국어 능력과 학습 공백을 고려해서 초등학생으로 재입학했다. 중도 입국한 아이들이 비슷한 이유로 학년을 낮추어 입학한다. 소망의 오빠도 학년을 낮춰 중학교에 입학했다. 소망은 학교를 못 다닌 기간 동안 동네 교회와 이주민 지원센터의 고려인·러시아인 모임에 참석하며 한국어를 배웠다. 드디어 학교에 입학한 첫날, 소망은 같은 반 친구들에게 서툰 한국어로 짧은 자기소개를 했다. "나는 우즈베키스탄에서 왔습니다. 내 나이는 13살입니다."

제가 당시 학교에서 유일한 외국인이었을 거예요. 그때는 다문화나 이주민, 중도 입국 같은 말이 낯설 때였어요. 고려인에 대해서도 잘 알지 못했고요. 학교에 외국인 전학생이 왔다는 소문이 났는지, 쉬는 시간에 교실 창밖에서 저를 쳐다보는 아이들이 많았어요. "외모가 외국인 같지 않은데?" "외국인이면 영어를 잘하겠네. 부럽다." 이렇게 수군대기도 했어요.

다르다는 이유로 차별받고 있다는 생각이 들던가요?

가끔은 동물원의 원숭이 같다는 생각이 들기도 했어요. 하지만 그렇게 힘들지는 않았어요. 나를 궁금해하는 친구들이 많네, 그 정도. 주변의 시선보다는 새로운 환경에 적응하는 게 중요했거든요. 한국어가 서툴러서 국어나 사회 과목은 어려웠어요. 대신 체육이나 음악 과목은 잘했어요(웃음). 학교 시험도 우즈베키스탄과 너무 달랐어요. 예를 들어 우즈베키스탄의 수학 시험은 미리 문제 40개를 알려주고 그중에서 무작위로 한 문제를 출제하는 방식이었어요. 그런데 한국 시험은 객관식과 주관식으로 문제가 꽉 차 있었죠. 한국어로 된 문제를 이해하기 어렵기도 하고 문제 풀 시간이 부족했어요. 하지만 선생님께 자주 도와달라고 했고 그러면 친절하게 도와주셨어요. 숙제를 못 해 오면 가끔 봐주기도 하셨어요(웃음). 제가 경쟁심이 강한 편이거든요. 잘 하고 싶어서, 선생님을 찾아가서 많이 물어봤어요. 한국에서 살기로 했으니 열심히 할 수밖에요(웃음). 가족을 생각하면서 제가 할 수 있는 최선을 다하려고 했어요.

외로울 때 먼저 손을 내밀어 준 이웃이 있었다. '네 가족의 일이니 알아서 해야지'가 아니라 '그런 일이 있구나. 함께 헤쳐 나가자'고 말해주는 이들이었다. 이주민 대상 교회뿐만 아니라 중도 입국 가족의 문제를 제 일처럼 도와주는 사람들이 있었다. 엄마와 함께 이주민 돌봄 프로그램이 있는 경기글로벌센터(경기도 부천시)에 다녔다. 열심히 한국어를 배웠지만, 여전히 엄마는 한국어를 어려워한다.

우리 가족이 다닌 센터에는 탈북민, 조선족, 동남아시아인, 중앙아시아인 등 다양한 출신국의 사람들이 있었어요. 센터에서는 1:1 매칭으로 한국어 수업을 해줬어요. 나라에서 지원하는 한국어 수업이나 학원의 단체 수업은 저처럼 뒤처진 아이들을 따로 봐주지는 못하잖아요. 센터에서는 개별 수준에 맞춰 가르쳐 주어서 좋았어요.

경기글로벌센터는 점프가 교육 봉사 프로그램을 시작하던 초창기부터 연을 맺은 곳이다. 소망은 센터의 청소년 진로 캠프를 통해 처음 점프를 만났다. 소망의 엄마가 이 프로그램 참여를 먼저 권했다. 소망은 마다할 이유가 없었다.

저는 중학교 때부터 점프 쌤들을 만났어요. 사실 그때는 공부하기 싫었는데, 쌤들은 너무 좋았어요. 쌤이 제 고민을 친언니처럼 들어주고, 쌤이 살아온 이야기도 해주었어요. 친구 같은 어른이었죠. 쌤들이 있어서 덜 외로웠어요.

그때는 뭐가 외로웠어요?

누구나 말 못 할 고민이 있잖아요. 부모님께 말하면 걱정할 것 같고, 친구들에게 다 털어놓을 수 없는 비밀도 있고요. 그런데 쌤들은 그런 걱정을 안 해도 돼서 편했어요. 제 이야기를 들어주는 사람이 있다는 게 큰 힘이 됐어요. 제가 쌤을 도와드린 적도 있어요(웃음). 미소쌤(다음 장에서 소개한다)이 러시아어를 배우고 싶다고 해서 제가 아는 만큼 가르쳐줬거든요. 쌤이 그걸 너무 자랑하셔서 좀 민망했어요. 나도 누군가에게 도움이 된다는 게 뿌듯해서 더 열심히 살아야겠다고 생각했어요.

그때 만난 쌤들은 소망의 인생에서 어떤 의미일까요?

어른이면서 진정한 친구요! 그런 거 있잖아요. 내가 힘들 때 옆에 있어 주고, 아플 때 말없이 찾아오고. 제 이야기에 귀 기울여주는 사람. 쌤들은 제 인생의 친구였어요.

'친구'에서 친할 친親은 '어려움을 겪는 이들과 함께하는 마음'이란 뜻도 있다고 한다. 소망은 중학교부터 고등학교 졸업까지, 여러 친구 같은 쌤을 만났다. 불안한 삶에 깃든 소중한 인연이었다.

고3 때 경희대와 한국외국어대에 다니는 대학생 쌤들을 만났어요. 두 학교가 가깝잖아요. 쌤들이 개교기념일에 대학교에 놀러 오래요. 어느 대학을 가야 하나 고민할 때라 너무 좋았어요. 먼저 경희대 캠퍼스에서 쌤이 듣는 경영학과 수업을 청강했어요. 그런데 제가 온다고 교수님께 미리 말씀드린 거예요. 교수님이 오늘은 특별한 청강생이 있다면서 저를 소개하더니 장기자랑을 시키셨어요. 얼마나 부끄럽던지(웃음). 교수님께서 수업 끝나고 저를 부르더니, 꼭 우리 학교 오라고 하셨는데 그 약속은 못 지켰네요(웃음). 수업 끝나고 쌤이 점심으로 학식을 사주셨는데 너무 맛있었어요. 쌤들이 외국인 특별 전형을 같이 준비해주셨어요. 그 도움으로 한국외국어대학교 노어과에 입학했어요. 저 대학 붙었을 때, 엄마가 무척 기뻐하시면서 주변에 많이 자랑하셨어요.

소망의 이야기를 들으면서 어디선가 읽은 우정에 관한 문장이 떠올랐다. 사랑받은 기억이 없다면, 마음속 빈자리를 채우기 위해 헤매고 다녀야 한다는 말이었다. 소망에게는 지역사회에서 만난 따뜻한 친구들이 있었기에, 마음의 빈자리를 채우기 위해 헤매지 않을 수 있었다. 대학생이 된 소망은 점프 장학샘으로 활동했다. 그가 받은 응원, 우정, 관심을 아이들에게 돌려주고 싶었다. 그렇게 해서 소망은 점프의 청소년 멘티 출신 1호 장학샘으로 기록되었다.

> 제가 다녔던 센터에서 대학 진학 후 연락을 주셨어요. 점프에서 장학샘을 모집 중인데, 지원해 보겠냐고 물으셨죠. 추천서를 써주시면서 장학샘이 되면 우리 센터에서 활동해 주면 너무 기쁘겠다고 하셨어요. 저는 바로 승낙했어요. 제가 너무나 큰 도움을 받았으니까요. 무엇보다 센터 아이들을 잘 이해할 수 있을 테니까요. 장학샘이 되어서 고려인 아이 두 명과 베트남 아이 한 명을 맡았어요. 한국어가 서툰 베트남 아이에게는 한국어를 가르쳐 주고, 한국어를 잘하는 고려인 아이들에게는 영어를 가르쳤어요. 아이들을 만나면서 그 나이 때의 제가 생각났어요. 제가 맡은 아이들은 친구들이 별로 없었어요. 그래서 저라도 아이들의 이야기를 들어주려고 했어요. 학교에서 무슨 일이 있었는지, 고민은 뭔지, 곁에서 잘 들어주려고 했어요.

소망쌤의 응원이 아이들의 삶에 어떤 영향을 미쳤을까요?

> 저 한 사람이 뭐라고 얼마나 큰 영향을 미쳤을까요. 그래도 SNS

에 아이들이 올리는 소식을 보면 다들 잘 지내고 있어요. 제가 가르친 고려인 아이 한 명은 취업했고, 한 명은 간호사가 됐어요. 아이들이 좋은 소식을 꾸준히 올려줘서 반갑고 뿌듯하죠. 그런데 베트남 아이는 소식이 끊겼어요. 지금 한국에 있는지, 어떻게 사는지, 제가 도울 일은 없는지 궁금합니다.

소망은 경찰 공무원 시험을 준비했었다. 그 당시 소망을 만난 적이 있는데, 취업하면 점프 사회인 멘토가 되어 장학샘을 응원하는 역할을 꼭 하겠다고, 그렇게 되면 청소년 멘티에서 장학샘, 사회인 멘토를 잇는 트리플크라운의 주인공이 된다며 신나 했다. 그때의 대화를 꺼내자, 소망은 체력이 약해서 시험을 포기했다며 아쉬워했다. 공무원이 됐으면 삶이 더 안정적이었겠지만, 지금도 자신의 삶은 계속되고 있다고 현명한 대답을 해주었다. 현재 소망은 이주민 커뮤니티를 중심으로 통역가로 활동하고 있다.

소망은 지금 청주에 산다. 친오빠와 친척들이 사는 도시다. 인터뷰 당시 소망은 임신 5개월 차였다. 엄마가 될 준비를 하고 있었다. 청소년기에는 가족과 인천에 살았고, 대학 생활은 서울에서 했는데 어떻게 청주에 살게 되었는지 물었다. 또 엄마라는 인생의 새로운 시즌을 준비하고 있는 마음은 어떤지도 궁금했다.

남편도 고려인 출신이에요. 저희는 캠퍼스 커플이에요. 2023년 태국에서 가족, 친지, 가까운 친구들이 모여 '스몰 웨딩'을 올렸어요. 청주에는 외국인 노동자들이 많아요. 마땅한 연고가 없는 이주민들은 자기들의 커뮤니티가 형성되는 곳에 모여 살아요. 지금 남편은 일용직 노동자예요. 나중엔 자기 가게를 열고 싶어 해요. 그러기 위해서는 돈을 모아야 합니다.

남편이 안정적인 직장이 없어 불안하지는 않은가요?

외국인들은 한국 회사에 적응하기 쉽지 않아요. 권위적이거나 경직된 시스템이 있잖아요. 제 남편은 '자유로운 영혼'을 가진 쪽입니다. 어딘가에 매이기보다는 자유롭게 일하는 걸 더 좋아합니다. 대학까지 나와서 무슨 일용직이냐고요? 한국 사회는 그렇게 계급을 따지는데, 저는 남편이 어떤 일을 해도 상관없어요. 남과 비교하며 살고 싶지 않거든요. 살면서 우리에게 필요한 만큼 일을 하면 되니까요. 돈보다는 건강과 행복을 우선순위에 두고 싶어요. 제가 아는 고려인 아빠들은 책임감이 강하니까 걱정은 많이 하지 않아요.

소망이 하는 통역 일은 한국어 소통이 어려운 이주민의 한국 생활 정착과 편의을 돕는 일이었다.

이주민들의 인터넷 커뮤니티가 따로 있어요. 예를 들어 병원에 갈 일이 생기면 통역해 줄 사람을 찾는다고 커뮤니티에 글을 올려요. 그러면 제가 응답을 하거나, 주변에서 저를 추천해 주고 있어요.

소망의 친오빠도 청주에 머물고 있다. 청주는 소망의 가족에게 공동체가 형성된 곳이다. 이곳에서 정착하게 될지, 또 하나의 불안정한 경유지가 될지는 아직 알 수 없다. 그래도 어느 정도 삶이 안정된 것 같아 다행이었다. 소망의 오빠는 외모가 훤칠해서 청소년기부터 인기가 많았다고 했다. 오빠도 아내를 만나 이곳에 살고 있다. 한동안은 핸드폰 가게에서 일했는데, 현재는 간간이 일용직 노동을 한다. 소망은 오빠가 '우즈베키스탄 남자'에 가깝다고 했다.

우즈베키스탄 남자들은 어른스러워요. 어떻게든 가족에 대한 책임감이 크거든요. 그래서 오빠를 믿어요.

예비 엄마 소망은 또다른 걱정이 있었다.

지금 한국은 저출산 극복을 위해 임산부에게 많은 지원을 하잖아요. 청주에는 이주민들이 많아요. 그런데 모든 이주민이 출산과 육아 지원을 받는 건 아니에요. 저는 귀화해서 혜택을 받지만, 출산을 앞둔 제 친척은 못 받아요. 출산 지원 프로그램을 알아보려고 함께 보건소에 갔는데, 친척의 비자 유형은 정부 지원을 받는 대상이 아니라고 하네요. 그래서 친척은 걱정이 늘었어요. 아이가 태어나면 이 사회에서 잘 살아갈 수 있을지 고민이 많아요.

한국어 통역을 하며 이주민을 돕는 소망은 그들의 현실에 대해 할 말이 많았다. '사회통합프로그램'은 체류 외국인이 한국의 사회구성원으로 적응하고 자립하는 데 필요한 기본 소양을 배울 수 있도록 지원하는 제도다. 이는 법무부 주관으로 전국에서 운영되고 있다. 소망은 이 프로그램도 아쉽다고 했다. 취지는 좋은데 현실을 반영하지 못한다는 이유였다.

사회통합프로그램에서 무료로 한국 적응에 필요한 한국어 수업을 해줘요. 그런데 매 회 신청을 해야 하고, 한국어가 서툰 사람은 신청하는 일 자체가 어렵죠. 기수마다 배정 인원이 적고 마감이 빨라서 못 듣는 사람들이 생겨요. 그러면 다음 학기를 기다려야 하는데, 그때 된다는 보장이 없어요. 그만큼 사회 적응도 늦어지지요. 그렇게 공백이 생기면 한국어 배우기를 포기하게 돼요. 한국어 습득도 중요하지만, 생계는 더 중요하잖아요. 계속 기다릴 수 없으니, 생업에 먼저 뛰어드는 거죠. 예전에는 비자 유형에 상관없이 외국인 노동자로 취업할 곳이 많았거든요. 그런데 이주 인구가 늘어나서 이젠 일자리 경쟁이 치열해요. 지금은 한국어를 잘하는 사람 위주로 채용한다고 해요. 한국어를 배우기도 쉽지 않은데, 일자리 구하기도 더 어려워진 거죠.

이 인터뷰를 하고 몇 달 후 사회통합프로그램 유료화를 검토한다는 뉴스가 나왔다. 이주민 인구가 늘면서 프로그램 운영에 드는 비용이 커졌다고 했다. 또 무료 교육이라서 참여자 학습 동기와 학업 성취도 저하의 부작용이 있다는 이유였다. 과연 어떤 결론이 날까 궁금했는데, 2025년부터 단계별 유료화를 시행하게 되었다. 이를 보도하는 어떤 기사는 "무상 교육 모럴 해저드 잡는다"는 제목으로 나오기도 했다. 이 사회는 진짜 '사회통합'을 원하는 것일까? 만약 한국인들의 문제였다면 찬반 논쟁이 벌어졌을 텐데, 이주민 대상 프로그램의 유료화 소식에는 댓글 하나 찾아보기 힘들었다. 그 '댓글 없음'에서 이주민의 소외가 읽혔다.

저는 학원에 다니지 않았어요. 엄마에게 학원에 가겠다고 했으면 보내주셨을 거예요. 그런데 제가 싫었어요. 우즈베키스탄에 있을 때는 학교 숙제만 마치면 친구들과 신나게 놀았거든요. 그런데 한국 아이들은 학교 끝나면 대부분 학원에 다녀요. 그게 이상했어요. 그래서 나도 학원을 가야 하나? 고민했지만, 다니지 않기로 했어요. 한국어를 잘 못 해서 학원 수업을 못 따라갈 테고, 아빠의 간병비와 생활비도 많이 들었으니까요. 대신 점프 활동을 열심히 했어요. 쌤들은 제 수준에 맞춰 친절하게 공부를 도와줬어요. 게다가 우리가 부담할 비용이 하나도 없었어요. 이주민에겐 정말 대단하고 감사한 일이지요.

감사한 말이네요. 다양성을 인정하는 '좋은 사회'가 되려면 무엇이 필요할까요?

제가 한국에 잘 적응한 건 좋은 사람들 때문이거든요. 그분들에 대한 좋은 기억이 있어서 저도 살면서 누군가에게 도움을 주고 싶어요. 나쁜 대우를 받으며 살아 온 사람은 어쩔 수 없이 나쁜 생각과 태도를 갖겠죠. 우리는 함께 살아야 하잖아요. '너는 나와 다르니까' '너 때문에 내가 부담되잖아' 그런 말을 하지 않았으면 좋겠어요.

소망의 아빠는 한국에서 일하다 다쳐 장애 1급 판정을 받았다. 평생 휠체어의 도움을 받아야 할 것이다. 아빠를 돌보아야 하는 엄마의 어깨도 무겁다. 소망에게 한국은 언젠가 떠날 곳일까, 그래도 계속 살아갈 곳일까.

다시 우즈베키스탄에 돌아간다면 아빠가 너무 힘드실 것 같아요. 한국은 병원이 잘 갖춰져 있어요. 장애인을 위한 시설도 잘 되어 있고요. 아빠를 생각하면 한국은 좋은 곳이에요. 우리 가족은 체류 자격이 있어서 다행이지요.

소망은 앞으로 한국에서 엄마라는 이름으로 살아갈 시간이 더 많다. 소망이 태어난 고향은 우즈베키스탄이지만 아이의 고향은 한국이다.

한 사람의 인생에 참 큰 이야기가 담겨 있다는 생각을 하며 마지막 질문을 했다.

곧 태어날 아이가 한국에서 어떻게 살기를 바라나요?

좋은 유치원을 못 다녀서 아쉽다거나, 공부를 못해 스트레스를 받거나, 학원에 다니지 않으면 친구와 어울릴 수 없어서 주눅든다거나 하지 않았으면 좋겠어요. 세상에는 다양하게 살아가는 방법이 있다는 걸 알려주고 싶어요. 아이가 하고 싶은 게 무엇인지 묻고, 저는 같이 길을 찾아줄 거예요. 아이가 세상을 알 때쯤이면 '저 아이는 고려인이래'라며 구별짓는 말도 사라지지 않을까요?

7 여러 겹의
   경계에서

언어학자가 된 장학샘 김미소

김미소는 점프 초창기에 장학샘으로 활동했다. 그의 삶에는 늘 '나는 어디에 속해 있는 걸까?'라는 질문이 따라다녔다. 그는 십대 시절 베트남 새엄마를 맞이하며 다문화 가족 생활을 하게 됐다. 고등학교에 진학하지 않은 '학교 밖 청소년'이었다가 검정고시를 치르고 대학에 입학했다. 응용언어학 공부를 위해 미국으로 유학을 떠났고, 현재는 일본 오사카대학 인문학 연구과에서 30대의 젊은 교수로 일하고 있다. 최근 홍콩인 남편과 다문화 가족을 꾸렸다. 김미소의 흔치 않은 이력 사이에 놓인 치열한 질문을 읽을 수 있었던 건, 그가 펴낸 두 권의 책을 통해서였다.《언어가 삶이 될 때》(한겨레출판, 2022)와《긴 인생을 위한 짧은 일어책》(동양북스, 2024)이다. 이 책들에는 자신의 삶에 질문을 던지고 답을 찾는 과정이 담겨 있다.

다중언어자가 된다는 건 언어의 수를 계속 더해가는 게 아니라, 의미의 도구를 하나하나 곱해가는 거였다. 어떤 상황에 누구와 남겨지든, 가장 나다운 방식으로 나의 말을 건넬 수 있도록. (《긴 인생을 위한 짧은 일어 책》, p. 75)

그는 삶의 길목마다 혼자 눈물을 흘리고, 거듭된 실패를 만났지만 지지 않는 법을 배웠다고 말한다.

이 책은 여러 겹의 경계에서 썼습니다. 저는 영어 교수인 동시에 일본어 학습자입니다. 영어 비원어민이지만 미국 대학교에서 영어를 가르쳤고, 현재는 일본 대학교에서 영어를 가르치고 있습니다. 대학교 교수라고 적힌 명함과 신분증을 갖고 있긴 하지만 이십대의 젊은 나이에 임용되어 저를 만나는 사람은 물론 저 자신도 제가 교수라고 쉽게 인식하지 못합니다. 이십대를 한국, 미국, 일본에서 보내면서 '나는 어디에 속해 있는 걸까?' 하는 의문에 항상 시달렸습니다. 한국 사회에서 '다문화 가정'이라는 말이 자리 잡기도 전에 아버지의 재혼으로 베트남 출신 새어머니와 함께 다문화 가정에서 십대와 이십대 초반을 보냈고, '학교 밖 청소년'이라는 말이 생기기도 전에, 정규교육에서 이탈해 학교에 다니지 않는 청소년으로 일 년을 보냈습니다. 어디에도 완벽히 속하지 않는 상황들이 하나하나 쌓이다 보니, 지금의 자리에 서 있게 되었습니다. (《언어가 삶이 될 때》, pp. 5-6)

'지금 나는 어디에 있는가?', 또 '어떤 어른이 될 것인가?'를 계속 질문하는 사람을 만나 참 기뻤다.《언어가 삶이 될 때》에서〈세계화는 끝과 끝에서 1〉이라는 챕터가 유독 눈길을 끌었다.

2019년 가을, '경계를 넘는 글쓰기 교육 Writing Education Across Borders' 학회에 참여하던 중, 미국 중서부의 대학교에 재직하고 있는 같은 과 선배를 만나게 되었다. 미국인인데도 한국에 대해 자세하게 잘 알고 있길래 왜일까 싶었는데, 인천 송도에도 선배가 일하는 학교의 캠퍼스가 있다고 했다. 선배는 송도와 안산의 세계화를 극명히 대조해서 이야기했다. 국제 비즈니스 센터 및 여러 해외 대학교의 캠퍼스를 끌어당기는 송도, 세계 각지의 외국인 노동자를 끌어당기는 안산. 송도의 세계화는 해외 법인, 해외 대학교의 국내 캠퍼스, 유학생, 국제 업무지구 등의 화려한 이름으로 대표된다. 반면 안산의 세계화는 외국인 노동자, 공장, 저임금 같은 단어와 연결된다. 세계화는 양극단에서 진행되고, 그 둘은 만나지 않는다. 선배의 말이 이상하게 계속 마음에 남았다.

스물여덟 살이 다 되어서야 깨달았다. 양극단의 세계화가 이상하게도 계속 신경 쓰였던 건 바로 우리 집에서 그 일이 일어났기 때문이라고. 2000년 즈음 농촌 청년 장가보내기의 일환으로 동남아시아 국제결혼이 시작되고 있었다. 열 살이었는지 열한 살이었는지 잘 기억나지 않는다. 어느 날 이혼한 아빠가 나와 오빠를 불러놓고 국제결혼을 하면 어떻겠냐고 물어봤다. 아빠가 보여준 새엄마의 첫 모습이 있다. 몸에 붙는 전통 의상을 입은, 쌍꺼풀 짙은 긴 흑발의 여자가 옆을 보며 웃고 있었다. 외국인을 보기 어려운 동네에 살았던 터라 어색함을 감출 수가 없었다. '그 여자'는 당시 이십대 초반이었고, 나는 초등학생, 오빠는 중학생이었다. 합창부 대회에서 입었던 하얀색 카라 티셔츠와 치마를 차려입고, 색종이를 오려 만든 플래카드를 집 안에 걸어놓고 그 여자를 반겼다. 반짝이는 색종이였다. 초등학생 아이로서는 최선의 마음을 담은 셈이다. 아이는 아이의 방식으로 새 식구를 환대했다.

아이는 아이의 방식으로 자라야 하지만 가끔 성인의 생활 세계로 빨려 들어가기도 한다. 아빠가 일하러 갔을 때 '베트남 새언니'를 여기저기 데리고 가는 건 나의 일이었다. 초등학생 때 집 앞 내과에 갔던 일을 기억한다. 내게 꽂히던 간호사의 복잡미묘한 시선을. 의료 보험증을 내고 '언니'의 이름을 말한 뒤 목이 따갑대요, 열이 난대요, 기침이 난대요, 라고 말하고, 약국에 가서 처방전을 내고 약을 받아오는 게 전부였다. 돈과 의료보험증만 있으면 초등학생 아이라도 쉽게 할 수 있었던 일. 그러나 읽지도 말하지도 못하는 흑발 언니는 어디가 내과고 어디가 약국인지도 알지 못했다. 언니의 눈이 되고 귀가 되고 입이 되었다. 물론 나도 베트남어를 한마디도 못 했지만, 어디를 가야 하는지는 알았고, 무슨 이야기를 해야 하는지는 알았다. 초등학생 아이 손에 의지해 병원에 가야 하는 이십대 외국인의 심정은 어땠을지. 그렇게 나는 '언어 중개인'이 되었다.

열일곱 살의 아이였던 나는 이 특권을 한껏 누리며 대학생이 되었다. 그러나 열일곱 살과 스물아홉 살의 간격이 좁혀지던 때 깨달았다. 함께 서울로 올라온 언니도 학교에 다니고 싶어 했다는 걸. 언니는 아빠를 오랫동안 설득했다고 한다. 자식 두 명이 대학생이 되었는데, 그동안 고생한 자신도 한국어학당에 다니게 해달라고. 자식 두 명의 등록금과 입학금을 다 합하면 천만 원쯤 되지만, 한국어학당은 백만 원이 조금 넘는 돈이면 다닐 수 있다고, 다른 데 쓰는 돈도 아니고 미래를 위한 투자라고. 그러나 아빠는 그 돈을 끝끝내 내주지 않았고, 언니가 한국어학당을 다니게 되는 일은 없었다. 이 이야기를 듣게 된 건 언니와 나의 간격이 아이와 어른이 아니라 어른과 어른으로, 그나마 상식을 이야기할 수 있을 정도로 좁혀진 후였다.

양극단의 세계화는 우리 집에서부터 일어나고 있었다. 우리는 한 지붕 아래 살았지만, 송도와 안산만큼 차이가 났다. 나는 중진국과 선진국을 넘나드는 한국에서 태어나, 운이 좋아 충분한 교육을 받고, 세계 최강대국인 미국으로 나가서 외국인 노동자 겸 박사과정생이 되었다. 흑발 언니는 개발도상국인 베트남에서 태어났지만, 한국으로 왔고, 누군가의 자식이 아니라 누군가의 아내였으므로 지원을 받을 수 없었다. 하지만 불굴의 의지로 자수성가하여 베트남 친정을 크게 일으켰다. 언니의 가족이 줄줄이 한국으로 왔고, 결혼하거나 직장을 잡았다. 2000년대 초반처럼 처음에는 입보다 손이 필요한 일을 하다가, 점점 더 입이 필요한 일로 옮겨갔다. 어느 날 언니의 베트남 집 사진을 보게 되었다. 튼튼한 벽돌로 지어진 집이었다. 언니의 한국 생활의 한순간 한순간이, 저 집의 벽돌 하나하나가 되었구나.

양극단의 세계화는 언어 교육에서도 일어난다. 결혼 이주여성은 다문화가정센터나 주민센터를 통해 한국어 교실에 등록한다. 보통 무료로 수업을 듣거나 아주 적은 돈을 낸다. 여기서 쓰는 교재는 주로 "여보, 양말은 어디에 있어요?", "서랍 안에 있어요."처럼 남편을 내조하기 위한 내용을 다룬다(여성가족부,《여성 결혼 이민자를 위한 한국어 교재 초급, 2025년》대화 편, pp.63)

반면 유학생들은 대학의 한국어학당을 다닌다. 등록금은 백만 원 내외다. 여기에서 쓰는 교재는 한국 젊은 세대의 연애, 케이팝, '힙'한 관광지 등을 다룬다. 이 둘의 간격은 쉬이 좁혀지지 않는다. 그나마 결혼 이주 여성은 비자 문제가 해결된 이들이지만, 체류 신분이 불안정한 사람들은 한국어 교실에 가는 것조차 쉽지 않다. 이 간극은 좁혀지지 않고 격차는 계속 벌어진다. 세계화는 끝과 끝에서 일어나고, 언어 간의 간격도 어쩌면 그렇게 계속 멀어지는지도 모른다."(《언어가 삶이 될 때》, pp.13-20)

김미소는 일본에 살고 있어 온라인 인터뷰를 진행했다. 인터뷰를 요청할 무렵, 그의 페이스북에는《긴 인생을 위한 짧은 일어 책》출간을 기념하는 북콘서트를 한국에서 연다는 소식이 올라왔다. 이참에 한국에서 만났으면 했는데, 인터뷰를 할 시간을 내지 못했다. 도쿄에서 오사카로 이사를 해야 했고, 결혼 준비를 하는 중이었다. 일본에서 부부 모두 외국인이라 행정적으로 처리할 일이 너무 많다고 푸념했다. 한국을 잠시 방문하는 동안 북콘서트를 마치고, 바로 친정인 대구에 들러야 했다.

책 출간을 축하합니다. 지금도 바쁘게 지내시는군요. 점프에서 장학샘으로 활동하시던 때도 시간을 빽빽하게 쪼개어 쓰셨었죠. 그때는 교육봉사 시간이 주 3회, 회당 4시간 정도로 강도가 높았어요. 주 16시간이라니, 지금 생각하면 참 대단하게 느껴집니다.

그때 저는 아이들을 가능한 오랜 시간 만날 수 있는 교육봉사 프로그램을 찾고 있었어요. 그 전에도 다른 봉사를 했는데, 몇 시간 정도만 채우면 상관없었어요. 그렇게 가볍게 진행되는 게 아쉬웠습니다. '이 정도 시간이면 되겠지' 하는 마음이면, 아이들이 먼저 알아채요. 그러면 아이들도 오기 싫다면서 수업을 쉽게 빠지고, 서로 무책임해진다고 할까요. 주 16시간은 숫자도 숫자이지만, 굉장히 '밀도' 높은 시간이죠. 그때 제가 교직으로 진로를 준비하던 터라 현장 아이들과 만나는 시간이 필요했어요. 그때를 돌아보면 '맞아, 그때 참 열심히 했지' 싶고 스스로 기특한 생각이 들어요.

제가 장학샘 활동을 했던 센터에는 다양한 사연을 가진 이주 배경 청소년이 왔어요. 그때 만난 아이 중에 천소망을 기억해요. 당시 소망은 중2였고, 오빠가 있었어요. 소망은 당찬 아이였어요. 낯선 환경에서 주눅 들 수도 있는데, 참 당당했어요. 저와 마음도 잘 맞았습니다. 그런데 오빠는 아르바이트를 하고 그러느라 수업에 빠지는 날이 많았어요.

센터에 소망이네 가족들이 다 한국어를 배우러 다녔어요. 어느 날 센터에서 가족 행사가 있었어요. 소망이네 가족은 우즈베키스탄 전통 의상을 입고 춤을 췄어요. 소망이 아버지는 한국에서 건설 현장 사고로 장애인이 되셨어요. 어른의 고통은 아이들에게 고스란히 전이되잖아요. 그런데도 소망은 즐겁고 낙천적인 아이였어요. 전혀 위축되거나 부끄러워하지 않았어요. '아빠가 몸이 불편한 게 무슨 문제야? 세상엔 더 나쁘고 힘든 일이 얼마나 많은데' 하는 태도였죠. 저한테 이상한 질문도 많이 했어요. "쌤, 공부는 왜 하는 걸까요?" 같은(웃음). 그때 뭐라고 대답했는지는 기억나지 않네요.

이주민 아이들의 한국 적응은 쉽지 않아요. 당장 학교 수업과 시험이 그렇습니다. 한국어 이해가 부족한데, 시험은 한국어를 충분히 이해해야 풀 수 있는 스토리텔링 형 문제가 많으니까요. 당시 소망이의 오빠는 한국어를 거의 몰랐어요. 그러니 학교 수업에 집중할 수 없고, 공부에 관심을 못 가졌을 거예요. 소망이는 일상 한국어는 제법 했는데, 문해력이 필요한 수업을 따라가기 힘들어했어요. 수학 문제에도 한국어 지문이 나오니까요. 한자가 섞인 역사와 사회는 너무 어려웠을 거고요. 이주 배경 아이가 스스로 알아서 적응하기는 힘들죠. 그런데 어떻게든 해보려고 하더라고요. "쌤, 이 문제 너무 어려워요. 이거 꼭 푸는 법을 알려주세요." 이렇게요. 소망이는 특별한 경우고, 포기하는 아이들이 더 많아요. 센터에 어떻게 왔느냐고 물으면, "엄마가 가라고 해서 그냥 온 건데요." 이러고 말거든요. 아이들마다 맞춤 돌봄이 필요했죠. 센터에 가면 수업에 집중하지 못하는 아이들이 있어요. 그 아이들을 탓할 수만은 없었어요. 센터에 온다는 것 자체만으로, 뭔가를 해내고 싶은 마음이 있는 거니까요. 아직 동기 부여가 잘 안 되어 있을 뿐이죠.

점프 프로그램에 참여하기 전에, 문제아 위탁형 대안학교에서 한 학기 정도 봉사를 했어요. 학교나 사회에서 폭력 문제를 일으킨 아이들이 오는 곳이었어요. 그때는 정말 '판타스틱'했어요. 선생님 앞에서 아이들끼리 싸우고, 화를 참지 못해 의자를 집어 던져요. 어떤 아이는 온종일 교실에서 잠만 자요. 한숨이 나왔어요. 어느 날 잠만 자는 아이의 속마음을 들을 기회가 있었어요. 방과 후부터 새벽까지 아르바이트를 한대요. 밤에 잠을 못 자니까 학교에서 계속 자는 거죠. 그 아이에게 그래도 수업 시간에 자면 안 된다는 말을 쉽게 할 수 있을까요. 또 한 아이는 수업 시간에 계속 핸드폰을 봐요. 제가 혼을 냈더니, 어젯밤에 아빠한테 밤새 혼나느라 핸드폰을 못 봤다고 하더군요. 이 아이에게 무슨 말을 해줄 수 있을까요? 사회는 아이들이 문제라고 하는데, 과연 아이들이 문제일까요?

열 살 무렵에 제 아버지가 재혼하셨어요. 한 번도 생각해 보지 못했던 '베트남 엄마'가 생겼죠. 저랑 열 살 차이였어요. 쉽게 엄마라고 부르지 못했어요. 기껏 생각해낸 호칭이 '새언니'

였죠. 저도 언니도, 시간이 필요했어요. 엄마를 다정하게 맞아 주지 못해 죄송하지만, 어쩔 수 없었어요. 중3 때 고등학교에 가지 않겠다고 결정했어요. 특별한 이유가 있었던 건 아니에요. 고등학생이던 오빠가 야간자율학습을 마치고 지쳐서 귀가하는 모습이 좋아 보이진 않았고요(웃음). 당시 소위 '날라리' 친구들이랑 사이가 나빠진 것도 조금 영향을 미쳤어요. '나는 마음먹으면 검정고시를 치러서 원하는 대학에 갈 수 있으니까' 하는 생각을 했어요. 혼자 공부하는 건 자신 있었거든요. 아이들의 선택은 어른들이 보는 것처럼 그렇게 단순하지 않아요.

어른들은 바쁘고, 자신의 경험과 판단이 앞서서, 아이의 생각을 충분히 들어주지 못하잖아요. 고등학교를 안 가겠다고 했을 때, 어른들의 걱정이 많았을 텐데요.

아빠도 그렇고, 주변 모두가 말렸죠. 담임 선생님은 다시 한번 고민해 보라고, 몇 번을 걱정하며 물어보셨어요. 그래도 제가 결정을 굽히지 않으니까, 부모님 모시고 오라고 해서 아빠가 학교에 오셨어요. 그때 아빠가 하신 말씀을 기억해요. "선생님, 제 딸의 미래가 걱정되지만 딸의 선택을 믿어야죠. 딸이 그렇게 마음을 먹었으면 저도 어떻게 할 수 없습니다." 아마 제게 다 말씀은 못 하시고 속으로 많이 불안하셨겠죠. 지금 생각하면 제 선택을 이해해 주는 어른들이 있어서 다행이었어요. 제 선택이니까, 그 책임을 다하려고 단단하게 마음을 먹었어요. 자식 걱정하지 않는 부모는 없다고 하죠. 한참 시간이 지난 뒤에 엄마가 이렇게 얘기해 주셨어요. "너는 한다면 하는 아이라서 덜 불안했다"고요.

우리 사회에는 계급이 있잖아요. 상위 계층에 부가 쏠리면서 아이들이 받는 교육, 관심, 혜택도 그리로 같이 쏠려요. 상위 계층이 받는 혜택의 반의 반, 그 반의 반이라도 반대편의 아이들이 받으면 좋겠어요. 무기력하고, 난폭하고, 미래를 미리 포기하는 아이들에게 '왜 그렇게 사느냐'고 말하는 대신 '왜 그렇게 살게 됐을까'를 먼저 들여다보아야 해요. 사회는 삶의 의지가 없는 아이들에게 지금과 다른 삶이 있다는 것을 말해주고 '이건 너희들 문제가 아니야. 미래는 달라질 수 있어'라고 말해주어야 해요.

솔직히 장학샘 활동을 하면서 불평등한 사회를 바꾸겠다는 거창한 각오로 하진 않았어요. 내 코가 석 자인데 하며 자신감이 떨어질 때도 있었고요. 그냥 '쌤'이라는 이름으로 아이들 곁에 있어주고 싶었어요. 저도 힘들고 외로울 때였거든요. 교육 프로그램에 오는 친구들은 대부분 착하니까, 그 친구들을 만나 저도 좋았어요. 아이들에게 '쌤'이라는 단어는 엄청난 기대를 주잖아요. 대학 졸업을 앞두고 저도 무척 바빴지만 아이들에게 '내 인생도 바쁘니까 다음에' 그런 말을 쉽게 꺼낼 수는 없더라고요.

소망이는 낯선 한국에 적응하고, 학교 공부를 따라가느라 바빴어요. 그때 우리 둘이 재미난 내기를 했던 게 기억나요. "네가 열심히 공부하는 만큼, 나도 소망의 고향 언어인 러시아어를 배우겠다"고, 나중에 누가 더 열심히 했나, 평가하자는 내기를 했어요. 제 기억이 틀리지 않았다면, 내기는 제가 이겼을 거예요(웃음). 그때를 돌아보면 우리가 서로 지탱해 주었다는 생각이 들어요.

처음 소망이를 만났을 때, 제 청소년 멘티가 되면 좋겠다는 생각을 했어요. 소망이의 태도가 너무 마음에 들었거든요. '인생 뭐 있어? 해보는 거지!' 그런 자신감 있는 태도에 반했어요. 저는 아이들의 공부를 조금 도와줬을 뿐인데, 반대로 아이들을 통해 더 많은 걸 얻었어요. 당시 교사라는 직업을 생각할 때라서, 앞으로 학생을 가르칠 때 어떤 가치관과 태도를 가져야 할지 고민할 수 있었거든요. 아이들은 저보고 고맙다는데, 사실 아이들을 만날 수 있어서 제가 더 감사했어요.

시간을 당겨 지금의 삶에 대한 이야기를 나눴다. 그는 낯선 타국에서 '경계인'의 삶을 살고 있다. 또 외국인 남편을 만나 다문화 가족을 꾸릴 준비를 하고 있다. 요즘 걱정되는 것은 일본 사회의 공교육이라고 했다.

일본에는 '몬스터 페어런츠Monster Parents'*라는 말이 있어요. 공교육이 무너진 사회는 끔찍해요. 지금 일본 사회는 직업으로 교원을 선호하지 않습니다. 한국도 그런 분위기잖아요. 다음 세대를 가르치는 소중한 일에 위기가 온 거죠. 결국 그 피해는 아이들이 고스란히 받게 돼요. 학생을 가르치는 입장에서 제 스스로 다짐하는 게 있어요. 사회의 앞줄에 있는 아이들뿐만 아니라 뒷줄에서 보이지 않는 아이들까지 응원하고 싶은 마음인데요. 제 학생 중에 결석이 잦은 친구가 있었어요. 무슨 문제가 있는 건지 계속 마음에 걸렸어요. 언젠가 얘기를 나눌 기회가 생겨서 왜 학교를 안 오는지 조심스럽게 물었어요. 친구들이 자기를 좋아하지 않는다고, 뒤에서 험담한다는 걸 알고 나니 학교에 오는 게 너무 힘들었다고 하더군요. 아무에게도 관심을 받지 못하면, 고립될 수밖에 없어요.

얘기가 너무 심각해졌네요. 일본의 교육 시스템에서 배울 점도 많아요. 특수 학생을 대하는 '상세 가이드'가 한 예인데요. 만약 제 수업에 특수학생이 들어올 경우, 학생지원부서로부터 사전에 그 친구에 대한 상세한 안내를 받아요. "이번 학기 선생님 수업에 이런 특수학생이 참여합니다. 이 학생은 이런 장애가 있어서 이런 치료를 받는 중이고, 여러 어려움을 겪을 수 있습니다. 그에 따라 세심한 관심과 주의가 필요합니다." 그렇게 어려움을 겪는 학생에 대한 충분한 정보를 공유하고, 필요한 준

---

* '몬스터 페어런츠'(괴물이 된 학부모)는 자녀에 대한 과잉 보호로 학교에 무리한 요구를 하거나 불평·불만하는 학부모들을 괴물에 빗댄 표현이다. 일본에서는 1990년대 후반부터 사회문제로 대두되었으며, 최근 한국에서도 사회문제로 확산되고 있다(한경용어사전).

비를 하면서 배려하는 마음을 갖고 수업에 임해요. 이런 장치가 있음에도 그 학생이 수업을 완수하기는 힘들어요. 사람들의 시선을 받는 장애를 가지고 수업에 참석하는 건 큰 용기잖아요. 그런데 어쩔 수 없이 수업을 포기하는 상황이 생기면 속상해요. 저는 중간에 수업을 그만둔 학생에게 메일을 쓴 적이 있습니다. "이번 수업에 용기를 내고 최선을 다해줘서 고맙습니다. 이건 절대 실패가 아닙니다. 당신이 어렵게 냈을 그 용기를 잊지 마세요"라고요.

누군가의 도움이 필요한 이들에 대한 안내를 여기서는 '스페셜 니즈 리퀘스트Special needs request'(긴급하거나 특별한 상황에 대한 요청)라고 불러요. 장애를 대하는 정도가 한국과 달리 매우 세분화되어 있습니다. 예를 들면, 이 학생은 읽기에 어려움이 있으니 시각 자료의 폰트 및 줄 간격 등을 읽기 쉽게 해주면 좋겠다, 색상은 단순한 색을 써주면 좋겠다, 이 학생은 일정 관리를 어려워하니 정기적으로 교사가 확인해 주면 좋겠다, 이 학생은 타인 앞에 서면 불안해하니 발표는 자제해 달라, 대신 자료 조사 등 다른 역할을 줄 필요가 있다, 같은 세심한 요청이 포함됩니다. 물론 학생의 프라이버시를 침해하거나, 알려지면 오해를 살 수 있는 구체적인 병명 등은 공유하지 않아요. 학생이 수업을 완수하기 위해 주변에서 뭘 주의해야 하고, 어떤 도움을 주어야 하는가에 집중하죠. 함께 살아가는 세상을 위한 배려의 시스템이죠.

정말 좋은 시스템이네요. 듣고보니 누구나 그런 '스페셜 니즈', 즉 각자 사정에 따라 관심과 응원이 필요할 때가 있다는 생각이 듭니다. 김미소의 십대 시절도 그렇지 않았을까요. 그때 스스로 느낀 '특별한 삶의 요청'은 무엇이었나요?

그때는 나를 향한 관심, 애써 나를 챙겨주는 게 그냥 싫었어요. 다문화 가정이고 취약계층이라서 학교에서 여러 관심과 지원을 받았어요. '힘든 환경에서 열심히 공부해 줘서 고맙다'며 교재를 지원하고, 수학 여행비는 안 내도 된다고 했습니다. 그 외에도 다른 학업에 필요한 지원이 있으면 해주겠다고요. 그런데 저는 '왜 나한테 이러지? 내 삶도 다를 게 없는데…' 하는 생각이 들었어요. 내 상황이 그렇게 드러나는 게 이상하고 싫었어요. 그때 저는 '차별' 같은 감정을 느꼈던 걸까요. 학교에는 못된 애들이 있잖아요. 누가 새엄마 얘기를 꺼내면, 그래서 어쩔 건데? 하는 마음이었어요. 저를 아끼는 진짜 친구들은 절대 그런 얘기를 안 하니까요.

제 석사 논문 주제가 "언어와 삶에 관해서"입니다. 점프 장학생 활동 경험을 담아서 썼어요. 제가 만난 한 다문화 가정 아이가 들려준 사연이 있어요. 한 필리핀 배경 이주민이 지역아동센터에서 아이들에게 영어를 가르쳤어요. 그분의 아이도 엄마가 일하는 센터에 다녔어요. 그런데 딸은 엄마가 쓰는 필리핀식 영어가 너무 부끄러웠대요. 왜 엄마의 언어를 부끄러워할까, 그 질문이 제 석사 논문의 바탕이 됐어요. 우리는 영화나 드라마를 통해 자주 접하는 미국식 영어에 익숙하죠. 익숙하다는 것을 빼면, 미국식 영어는 더 세련되고, 필리핀 엄마의 영어는 부끄러운 걸까요?

언어에도 차별이 자리 잡고 있어요. 사람이 사용하는 언어에서 어떤 게 좋고 나쁘다는 표준이 있을까요? 누가 그 표준을 설정할까요? 사람들의 다양한 삶에서 쓰이는 그 언어 자체로 존중받아야 한다고 생각해요. '베트남인 엄마'라고 해도 아무렇지 않고 충분한데, 우리 사회는 결혼 이주 여성, 이주 배경 가족, 다문화 자녀, 중도 입국 청소년 등 구별짓는 말을 쓰잖아요. 우리 언어 생활이 차별과 소외를 줄이는 쪽으로 바뀌면 좋겠어요. 시대의 흐름에 가장 맞는 단어는, 영어로는 '다이버시티 diversity' (다양성 혹은 포괄성) 같습니다. 다름을 구분하는 게 아니라, 다양한 삶 자체를 이해하고 존중하는 단어면 충분할 것 같거든요. 다문화보다는 다양성이 더 중립적인 단어겠죠. 사실 단어는 아무 잘못이 없죠. 그걸 잘못 골라 쓰는 사람들이 문제니까요.

다양성은 제 삶에서 가장 가까운 말이에요. 열 살 무렵에 스물한 살 베트남 새엄마를 만났고, 유학 생활을 하던 미국에서는 동양인으로 살았고, 지금은 일본에서 영어를 가르치는 '어린' 동양계 여자 교수로 지내요. 홍콩인 남편과 가족을 꾸렸으니 말 그대로 다양성 가족이죠. 그거 아세요? 아이들이 쓰는 언어에 따라 각각 다른 '가격표'가 붙더라고요. 영어를 쓰는 아이는 보육원이나 유치원에서 반기지만, 중국어나 비영어권 언어를 쓰는 아이들은 그만큼 대우받지 못해요. 언어에도 계급과 차별이 있어요. 쓰는 언어에 따라 받는 대우(가격표)가 다른 것이 씁쓸한 현실이죠. 나중에 아이가 생기면 어떤 언어를 써야 할지 걱정이에요. 엄마가 아는 한국어와 영어? 아니면 아빠의 모국어인 광둥어? 생각하기 싫지만, 태어나지도 않은 아이의 미래를 벌써 걱정할 때가 있어요.

다음 세대가 살아갈 세상은 서로에게 친절하면 좋겠어요. 이건 지금 제가 친절하지 못하기 때문이기도 한데요. 타인에게 친절하려면 나부터 여유가 있어야겠더라고요. 제 삶에 여유가 있을 때는 수업 중에 핸드폰을 보는 학생이 있어도 그럴 수 있지 하고 넘어가는데, 지쳐 있을 때는 '선생님 앞에서 어떻게 저럴 수 있지?' 하고 막 화가 나요. 제 분노를 타인에게 쏟아내고 싶은 거죠. 그래서 앞으로 아이들이 좀 여유 있는 세상에서 살기를 바랍니다.

한 사람이 가진 따뜻한 생각을 듣는 것은 참 고마운 일이다. 인터뷰를 마칠 즈음, 그가 더 할 이야기가 있다고 했다.

초등학교 친구 중에, '베프'(가장 친한 친구)가 있었거든요. 어느 날 우리 집에 놀러와서 새엄마를 처음 만나게 됐어요. 그 친구에게 미리 엄마 얘기를 못 했거든요. '친구가 많이 놀랐으면 어떻게 하지? 우리 가족에 대해 어떻게 생각할까? 집에 가서 뭐라고 얘기할까?' 친구가 집에 간 후 정말 많은 생각이 들었어요. 제 걱정을 알고 아빠가 친구네 어머니와 통화를 하셨어요. "아이가 미소의 새엄마에 대해 어떻게 생각할지 모르겠다. 딸이 걱정이 많다"고요. 저는 친구에게 새엄마에 관한 편지를 썼어요. 우리는 친구니까, 뭐라도 설명해야 할 것 같았거든요. 제 걱정만 컸나 봐요. 친구는 정말 아무렇지 않았고, 전과 똑같은 태도로 저를 대해줬어요. 만약 그날 이후 친구가 나를 피하고 놀렸다면, 저는 정말 방황하거나 삐뚤어졌을지도 몰라요.

8 함께 사는 건
   당연한 일이니까요

장학샘에서 후원자로, 유대현

사람은 자신이 살아가는 땅과 닮는다는 말이 있다. 함께하는 사람이 누구인지에 따라 내 생각과 삶이 형성된다는 뜻이기도 할 것이다.

유대현에게 인터뷰를 청한 이유는 두 가지였다. 첫째, 점프 사업 초기에 활동한 장학샘 청년이 어엿한 사회인으로 성장해 이제는 후원자가 됐다. 아이에서 어른으로, 나에서 우리로, 장학샘에서 사회인 멘토이자 후원자로 성장한 것이다. '나눔의 선순환'이라는 종목이 있다면, 트리플크라운의 주인공이다. 둘째, 늘 익명으로 후원하는 그를 보며 '키다리 아저씨'가 떠오르는 호기심이 있었다. 그 이름 뒤에 숨겨진 사연을 듣고 싶었다.

오랫동안 후원하면서 익명을 요청한 이유가 있나요?

밖으로 내세울 만한 큰일이 아닌데다, 어쩌면 나만 알고 있어도 되는 일이니까요.

고민하셨지만, 이번 인터뷰에서 이름을 걸고 응해주신 이유는요?

우리는 타인의 모습에 동기부여를 받아 사회에 필요한 일을 할 수도 있잖아요. '선한 영향력'이라고 할까요. 그 가치 있는 말에 제 이름이 담겨도 될 것 같았어요.

나만 돌보기도 힘든 시대라는데, 타인을 생각한다는 것은 어떤 의미일까요?

제가 감동했던 씨돌 어른의 말씀을 빌려 말하면, 함께 살아가는 일은 특별한 게 아니고, '인간으로서 당연한 일'이니까요.

'씨돌'은 2019년 〈SBS 스페셜〉에 나와 많은 이들에게 감명을 줬던 어른이다. 정확한 프로그램명은 〈어디에나 있었고, 어디에도 없었던, 요한 씨돌 용현〉. 용현은 본명, 요한은 세례명, 씨돌은 자연인의 삶에서 얻은 애칭이다. 그 세 개의 이름과 삶을 관찰하고 추적한 제작팀은 '함께 산다는 것'에 관해 묵직한 생각거리를 던졌다.

나만을 위해서 사는 것이 당연하다고, 남을 위해서 살면 바보라고 말하는 세상에서, 그는 왜 이렇게까지 희생적인 삶을 살았던 것일까. 그렇게 산다고 누가 알아주기나 하는 것일까.

유대현은 정기 후원자면서 때에 따라 별도 금액을 후원하는 특별후원자다. 우리가 만났을 때, 이 젊은 후원자는 폴로 티셔츠에 면바지 차림이었다. 보통 키였으니 '키다리 아저씨'는 아니었다. 지난 20대 장학샘 시절의 순수함과 수줍음, 현재 의약품 유통 판매의 공동 대표가 된 30대 창업가의 분주함과 열정이 함께 보였다. 여전히 후원자라는 이름으로 나가는 게 쑥스럽다고 해서, 그러면 최대한 작은 글씨로 내보내겠다는 농담을 건넸다.

+ + +

제가 장학샘 활동을 할 때 점프는 작은 회사였고 서울 성수동의 오래된 건물에 있는 낡은 사무실을 사용했어요. 지금 점프는 너무 커졌네요(웃음). 2022년, 다음 세대로 활동하는 장학샘을 응원하고 싶어서 사회인 멘토로 신청했어요. 그때 사무실에 잠깐 들르고 또 몇 년이 흘렀네요. 언제라도 반가운 인사를 나눌 수 있는 점프가 있어서 좋아요. 프로그램을 시작할 당시 정말 작은 일터에서 진심으로 일하던 분들의 모습이 여전히 생생해요. 그 열정을 보면서 저도 많은 영향을 받았어요.

점프는 제 인생과 같이 성장하고 있다는 느낌이 들어요. 지금 장학샘들이 11기 정도 됐나요?(2025년 현재 12기이다) 제가 2기인데, 그때만 해도 고민이 많았잖아요. 작은 단체가 얼마나 버틸 수 있을까, 우리 프로그램이 계속 유지될 수 있을까, 점프 모델이 인정받을 수 있을까 하는 고민이요. 그래도 열심히 하면 장학샘 5기까지는 할 수 있을 거라는 바람을 가졌던 것 같아요. 그 작은 모임이 훌쩍 자라서 현재에 이르렀네요. '내가 만난 아이들이 자라는 만큼 나도 잘 성장해야지', 또 '점프가 자라는 만큼 나도 좋은 어른이 되고 싶다'는 생각을 잊지 않았어요.

사람은 타인에게 작든 크든 어떤 영향을 미치면서 살잖아요. 저는 장학샘 활동을 통해 삶이 서로 연결되는 기쁨과 선순환의 가치를 배웠어요. 당시 같이 활동했던 장학샘들과는 인생의 좋은 친구가 되어 계속 만나고 있어요. 치열한 경쟁 사회에서 서로의 삶을 지탱할 수 있는 친구가 있다는 건, 얼마나 큰 힘인가요.

지금 하는 일을 소개해 주실 수 있을까요?

현재 의약품 판매, 유통 회사를 운영하고 있습니다. 제약회사 영업부에 다니다가, 한 선배의 창업 권유로 공동 대표로 동업을 시작했어요. 2022년에 창업하면서 5단계 성장 로드맵을 그렸습니다. 지금까지는 큰 어려움 없이 2-3단계로 성장했어요. 4-5단계에는 제조공장 인수와 연구소 설립을 위한 투자 계획을 갖고 있습니다.

'젊은 창업'이다 보니 사람들의 관심이 많네요. 자기 사업을 하고 싶어 하는 친구들이 늘었잖아요. 막상 시작하고 나서 후회했어요. '아, 더 빨리 시작할 걸' 그런 후회요(웃음). 운이 좋았고, 도움을 많이 받았죠. 당시 제 분야의 시장 업황이 좋았고, 또 저를 믿어주는 파트너들이 있어서 순항할 수 있었어요.

저는 '준비된 창업'에 속해요. 기존에 잘 쌓아둔 거래처와 인맥을 통해 많은 격려를 받았어요. 저는 사람이 사람을 돕는다는 것, 착한 태도가 삶의 기회를 준다는 말을 믿어요. 다른 일을 하면서도 주변에 어렵거나 필요한 일이 생기면 제 일처럼 도와드렸거든요. 그게 쌓여서 돌아오는 것 같아요. 사람을 돕는 마음에 다른 뜻은 없었어요. 보상심리를 갖고 대했다면 '이심전심'이 안 됐을 거예요. 제가 특별한 재능이나 남다른 것은 없어서, 남을 도울 수 있다는 자체로 좋았거든요. 언젠가 책에서 읽은 '칸트의 정언명령'을 잊지 않고 있어요. '사람을 수단으로 대하지 말고 항상 목적으로 대하라'는 말이 제겐 인생의 태도로 다가왔습니다.

'사람을 수단으로 대하지 말고 목적으로 대하라'는 말, 참 오랜만에 듣습니다. 함께 일하는 동료들도 그 마음으로 의기투합하고 있나요?

사업 초반이라 판단하기는 섣부를 수 있지만, 함께 시작한 동료들이 한 명도 퇴사하지 않고 같이 일하고 있어요. 장학샘 활동을 하면서, '사람이 참 소중하다'는 생각을 많이 했는데요, 고마운 동료들에게는 성장을 위한 응원을 해줘요. 지금은 한 가지만 잘해서 지속할 수 없으니까, 개인 성장을 위한 시간을 가지라고요. 회사도 충분한 지원을 하겠다고, 또 좋은 결과가 있으면 그만큼 연봉을 올려주겠다고 약속해요. 그 약속을 지키려면, 제가 더 열심히 뛰어야 하죠.

'각자도생'의 시대라는데, 저는 '상생'이란 말을 좋아해요. 자꾸 철학 얘기를 하면 옛날 사람 같긴 한데(웃음), 맹자는 다른 사람의 불행을 불쌍하게 여기는 마음을 '측은지심'이라 했어요. 요즘 말로 '공감력'이라고 하나요. 뉴스를 보면 도움이 필요한 사람들, 청년 자살률, 노인 빈곤 등 걱정되는 소식들이 계속 나오잖아요. 그런 아픔이 보이는데 나 혼자 잘 살 수는 없으니까요.

제가 가끔 가는 재래시장에는 떡볶이 파는 할머니가 계세요. "할머니, 연세도 있으시고 일도 힘드실 텐데, 그만하시면 어때요?" 그러면 할머니가 그러세요. "고마운 얘기인데, 이 일마저 안 하면 자식들한테 손 벌리게 되잖아. 그건 또 불편해요"라고 말씀하세요. 우리는 각자 말 못하는 사정을 안고 살잖아요. 각박한 세상에서 내가 할 일을 하겠다는 다짐을 해요. 전 성선설을 믿는 쪽이에요. 사람이 사람을 돕는다는 건, 그 선한 본성을 잊지 않으려는 거잖아요. 그렇다면 제가 누구를 돕는다 해도, 본성에 따른 일이니 주변에 알릴 필요는 없을 테고요. 그래서 제가 하는 후원은 나만 아는 것으로 충분하다고 생각해요. 제가 남보다 선해서가 아니라, 선한 본성을 갖고 태어나서 그럴 뿐이죠. '내가 잘했으니(벌었으니) 다 내 돈이지.' 이런 건 사람을 이용 수단으로만 보는 거잖아요. 저랑은 정말 안 맞아요.(웃음).

《아프니까 청춘이다》가 베스트셀러이던 시기에 장학샘 활동을 하셨죠. '아픈 청춘'이면서도 남을 돕겠다는 생각, 후원하려는 마음은 어디서 나오는 건가요?

다들 아프지 않나요? 아픔이 비단 청춘의 영역만은 아닌 것 같아요. 주변을 둘러보면 다들 열심히 살지만, 힘들고 외로운 분들이 얼마나 많나요. 일자리는 찾기 힘들고, 여전히 누군가에겐 더 아픈 시대인 것 같아요. 제가 열심히 일하는 이유는, 좋은 일자리를 더 만들자는 마음도 있어요. 이건 아픈 세대의 문제가 아니라, 정치와 어른들의 문제가 클 텐데요. 청춘을 아픔으로만 규정한 게 답답해요. 아프다, 덜 아프다, 나는 아프지 않다, 이런 구별이 아니라 통합이라는 이름으로 함께 응원하는 세상을 만나고 싶어요.

 자기 삶만을 윤택하게 할 수 있었을 돈으로, 우리 사회에 힘들고 불편한 이웃을 좀 더 도울 수 있다면, 더 의미 있는 쓰임 아닐까요. 제가 직접 못하니까, 그 일을 업으로 하는 분들에게 제 마음을 전하고 있어요. 저는 제 일을 더 열심히 하고, 그 일부를 후원자의 이름으로 계속 전하고 싶어요. 굳이 어떤 계산을 하고 싶진 않아요. 제 작은 마음을 전했으니 그걸로 된 거죠. 제 일상을 살아가면서, 슬픔과 상처가 보이는 사람들, 뜨끔한 마음이 드는 사람들을 돕고 싶어요.

장학샘 활동을 돌아보면 어떤 순간이 가장 기억에 남나요?

유년기에 아버지의 가정폭력으로 학대를 당해 몸이 불편했던 친구가 기억에 남아요. 사람 관계를 어려워해서 저에게도 마음을 열지 않았어요. 저는 수업을 마치면 그 친구를 집까지 데려다줬어요. 그렇게 계속 했더니, 아이가 마음을 조금씩 열더라고요. 어느 날 자신이 받았던 상처를 이야기하는데, 마음이 너무 아팠어요. 그렇게 아프고 힘든 아이들이 많다는 걸 알게 됐죠.

지금 주변에서 만나는 힘든 분들에게서도 그 아이의 모습이 보이는 것 같아요. 그 기억들을 잊지 않으려고 해요. 가장 좋아하는 철학자 니체가 평등에 대해서 이런 말을 했어요. "이미 높아진 쪽을 낮출 것인가, 아니면 낮은 쪽을 높일 것인가?" 니체는 강제로 낮추는 게 아니라, 낮은 쪽을 높일 수 있는 방향을 같이 고민하자고 했죠. 앞으로 제 삶도 그런 방향으로 나아가기를 희망합니다.

지금이 장마철이라 이런 질문을 생각해 봤습니다. 갑자기 폭우가 쏟아

지는데 우산을 챙기지 못한 사람이 있습니다. 다른 사람이 챙기겠지 하며 그냥 지나칠 수 있고, 내 우산을 건넬 수 있고, 아니면 근처 편의점에서 우산을 사줄 수도 있겠네요. 그 상황이면 어떻게 하실 것 같나요?

음, 저는 제 우산을 드릴 것 같아요. 우산을 받은 사람에게 고맙다는 말을 들을까 봐 쑥스러워서 냅다 뒤돌아 제 갈 길을 뛰어갈 것 같습니다(웃음).

9 애써야 한다, 소중한 것을 지키기 위해서는

머신러닝으로 삼각 멘토링을 연구한 멘토 이주영

미국 조지아 주 애틀랜타에 소재한 에모리 대학에서 박사 과정을 밟고 있는 이주영 멘토를 만났다. 에모리 대학은 '남부의 하버드'라 불리는 명문 사립대로 공중보건학 분야가 유명하다. 전공은 컴퓨터 기술을 활용한 생의학정보학. 고려대 바이오의공학부 학사와 연세대 의과대학 융합의학과 석사를 거쳐 현 과정을 밟고 있다. 그는 공부의 목표는 "기술을 통해 의료 서비스의 진입 장벽을 낮추는 일"이라고 했다. "내가 배운 것으로 사회의 여러 불편한 문제를 해결하는 데 선한 영향을 미치고 싶다. 그로 인해 조금 더 살 만한 세상이 되면 좋겠다"고 했다. 공부하며 세운 목표는 등대가 되어 주었고 그 덕분에 그는 흔들리지 않고 나아가는 중이라고 했다. 함께 유학 중인 부부에게는 곧 첫 아이가 태어날 예정이다. 앞으로 아빠라는 새로운 임무가 생겨 어깨가 무겁지만, 가족의 지지가 있어서 힘이 난다고 덧붙였다.

그는 2024년 사회 문제를 해결하는 젊은 연구자 그룹 ㈜나이오트와 진행한 점프 연구 공모전에 참여했다. 연구 주제는 "머신러닝에 기반한 삼각 멘토링 모델의 장단기적 영향력 분석"이다. 그는 지역아동센터와 장학샘, 청소년 멘티의 관계성이 활동 시기에 따라 다른 영향을 미칠 수 있다는 연구 결과를 발표했다. 장학샘의 경험을 잊지 않고 어른이 되어 다시 교육봉사의 현장을 바라보는 사람이 있다는 것은 무척 감사한 일이다.

주영쌤은 군 복무 시절 아버지와 작별했다. 아버지는 몸이 안 좋아 병원을 찾은 날, 갑자기 신장암 판정을 받았다. 시간은 아버지를 기다려주지 않았다. 경황 없던 그때를 되돌아보면 숱한 '만약'이 떠오른다. '만약 더 일찍 건강검진을 받았다면' '만약 그때 큰 병원에 갔다면' '만약 빈틈없는 진단이 이뤄졌다면' '만약 자식이 아버지를 더 살필 수 있었다면….' 아버지가 떠나신 후 그는 당장 가족의 아픔과 생계를 챙기느라 여유가 없었다. 뒤늦게 자신이 하는 공부를 새로운 눈으로 보게 되었고 아픈 이들의 걱정을 덜어주는 의료 기술에 대한 생각이 커졌다. 예고 없이 찾아온 이별을 겪은 뒤, 지금 그는 더 나은 세상을 위한 공부를 하고 있다.

주영쌤은 점프에서 장학샘 활동을 하며 만난 3명의 친구와 계속 안부를 묻고 지낸다. 서로의 삶을 들여다보고 지지하는 사람이 늘 곁에 있다는 것만큼 든든한 일이 있을까 싶어 인터뷰를 청했다. 그는 사회인 멘토로 지원하면서 지원 동기에 이렇게 썼다. "생계를 위해 오늘만 살던 당시 우연히 참여한 장학샘 활동을 통해 미래를 희망할 수 있게 되었습니다." 한국 시간으로는 오전, 미국 시간으로는 늦은 밤, 온라인으로 만나 그의 오늘을 만든 긴 이야기를 나눴다.

+++

교육봉사를 시작한 건 대학교 3학년 때였습니다. 대학에 다닐 당시 저는 학교 생활에 잘 어울리지 못하는 주변인 같았어요. 제 걱정이 많아서 뭔가 다른 걸 생각하지 못한 시절이었어요. 친한 몇 명 빼고는 교류가 많지 않았어요. 학교 활동보다는 과외나 아르바이트에 많은 시간을 쏟았어요. 아버지 떠나시고 집안 사정이 좋지 않아서 장남인 제가 생계비를 보태야 했고요. 교육봉사를 하게 된 특별한 동기는 없어요. 친한 선배가 "이런 거 있는데 같이 해볼래?"라고 해서 지원했어요. 그때 여러 과외를 하고 있었고, 그 경험을 살려 해볼 수 있겠다 싶었기든요. 그때까지는 나 자신과 가족만 생각하며 바빴는데, 봉사를 통해 뭔가 제가 가진 걸 나눌 수 있지 않을까 하는 작은 동기는 있었던 것 같아요. 아이들을 만나서 스스로 나아갈 수 있는 동력만 줄 수 있다면 그걸로 내 역할은 충분하겠다, 그 정도 목표였어요.

제가 활동한 꿈터지역아동센터(서울 성북구)는 교회에서 운영하는 부속 시설이었어요. 2차선 도로에 위치한 건물인데, 밖에서는 안이 보이지 않았어요. 계단을 올라야 내부 공간이 나타

났죠. 처음 갔을 때는 좀 답답하게 느껴졌는데, 공간은 제법 잘 갖춰져서 아이들이 지내기엔 안락해 보였어요. 이상하네요. 세월이 꽤 지났는데도 그 공간이 선명해요. 센터 선생님은 첫 만남에서, 아이들 성적 올리는 데 급하지 않아도 된다고, 우선 아이들을 알아가는 게 필요하다고 말씀하셨어요. 저는 중2 여학생 5명, 고1 3명을 맡았어요. 센터에 가면 저녁 시간이 겹쳐 먼저 함께 저녁을 먹었죠. 그런 다음 중학생 수업을 한 시간, 그리고 고1 수업을 한 시간 진행했어요. 여기 아이들이 다르거나 특별하다는 생각은 들지 않았어요. 제가 원래 과외를 한 가정도 그렇게 넉넉한 편은 아니었거든요. 이건 여담인데, 저는 과외를 할 때, 아이를 만나고 집안 사정을 살핀 뒤, 사정에 따라서 과외비를 조금 낮춰서 책정하기도 했어요(웃음). 그냥 그러는 게 맞는 거 같아서요.

중2 아이들은 에너지가 넘치고 하고 싶은 것도 많은 반면, 고1 아이들은 조용했어요. 한참 뒤에야 하고 싶은 것, 꿈에 대해 말했죠. 어떤 아이들은 뭔가 해보려는 의지가 약해요. 공부라는 게 동기 부여가 중요하잖아요. 아이들에게 동기 부여를 해주자는 생각을 많이 했어요.

그러다 활동 초반에 사고가 났어요. 스쿠터를 타고 집에 가다 접촉 사고가 나서 일주일 동안 입원했거든요. 아이들 수업도 미뤄졌어요. 퇴원하고 무리하게 재활 운동을 하다 발목 인대가 손상됐어요. 활동을 포기해야겠다는 마음이 들었는데, 만난 지

얼마 안 된 아이들이 눈에 아른거리는 거예요. 제가 어디 매이는 걸 싫어하던 사람인데, 센터에 갈 때는 마음이 즐거웠던 것도 생각나고요. 또 그때 점프에서 제 고민을 들어주시고 걱정도 많이 해주셨어요. '나를 걱정하는 사람들이 있네' 하는 생각에 마음을 다잡았어요. 초여름이었는데 한동안 발목 깁스를 하고 아이들을 만났어요. '부상 투혼'이라고 더 잘 대해주셔서 난처했습니다(웃음).

아이들에게 스스로 하는 법을 알려주고 싶었다고 하셨는데요. 학습적인 동기 부여가 삶으로 연결되면 정말 훌륭한 무기가 되잖아요. 하지만 새로운 생활 방식을 익힌다는 건 아이나 어른이나 말처럼 쉬운 일이 아니죠. 어떻게 아이들의 변화를 이끌었나요?

맞아요. 삶의 자세를 바꾼다는 건 쉬운 일이 아니에요. 아이들이 관심을 가질 만한 이야기를 자꾸 해줬어요. 대학생이 되면 좋은 것들에 대해서, 재미난 미래에 대해서요. 말로만 하면 뻔해지잖아요. 고1 친구들에게 쌤 학교 구경하러 오라고 했더니, 다 온 거예요. 기말고사 기간이라 아이들과 같이 학교 도서관에 갔어요. 우리는 제법 늦은 시간까지 각자 시험 공부를 했어요. 도서관 특유의 분위기가 있잖아요. 대학생 형, 언니들이 진지하게 공부하는 모습을 봤죠. 그러면서 아이들이 되게 열심히 했어요. 숙제를 다 해오고, 시간을 허투루 쓰지 않으려고 노력하는 모습을 보는 것만으로 큰 보람이었습니다. 센터에 가면 선생님들이 "밥 안 먹었지?"라며 먼저 물으시고, 아이들에게 정이 들고, 아이들이 앞으로 어떤 모습으로 자랄지 더 지켜보고 싶었습니다. 그래서 정식 활동을 마치고 1년을 더 했어요.

그해 1년은 주영쌤에게 무척 분주한 시간이었다. 친구들의 제안으로 스타트업 회사를 창업했다. 아시아 한류팬을 겨냥한 유튜브 플랫폼으로, 뷰티 콘텐츠를 만들고 웹드라마를 제작했다. 그의 역할은 채널 분석과 조직 관리였다. 전공과는 다른 일이었다. 하나부터 열까지 직접 할 일이 많았고 새벽이 되어서야 집에 돌아왔다. 아들이 무슨 일로 바쁜지, 어머니는 걱정이 늘었고 안정적인 직장에 취업하기를 바랐다. 창업은 꽤 주목받았지만, 그는 '지금 나는 왜 이 일을 하고 있는가'라는 질문에 답하지 못했다. 그 고단한 마음을 어떻게 알아챘을까. 하루는 센터 선생님 한 분이 말씀하셨다. "쌤, 요새 바쁘죠? 살면서 고민이 많이 생길 텐데, 때로는 마음이 하고 싶은 걸 찾으세요. 현실 때문에 해야 하는 일 말고. 그래도 괜찮아요." 오늘만 살던 사람에게 툭 하고 던져진 이 말은 특별한 온도로 다가왔다.

현실은 어지러운데 센터에 오면 마음이 편했어요. 막 살고 있던 나를 따뜻하게 바라봐주는 느낌이랄까요. 제가 아이들을 챙긴다고 생각했는데, 도리어 응원을 받고 있었던 거죠. 잠시 대기업에 취업했어요. 아이들이 고3이 됐는데 센터에 가지 못했어요. 마지막 인사도 따로 나누지 못했죠. 2년의 봉사활동을 마치던 겨울이었어요. 센터에서 진행하는 1박 2일 수련회에 참석했습니다. "앞으로 자주 얼굴 보기는 힘들겠다"고 해도 친구들은 별 대꾸가 없었어요. 여기서 끝이 아니란 걸 아이들도, 나도 알고 있었던 거죠. 우리끼리 단톡방은 늘 열려 있었으니까요. 계속 안부를 묻게 될 걸 알고 있었나 봐요. 회사는 1년 반 정도 다니다 퇴사했어요. 살아보니 하고 싶은 걸 찾아도 괜찮더라는 센터 선생님의 말이 가슴에 남았어요. 진짜 공부를 하고 싶었어요. 아이들에게 소식을 전했어요. "쌤 시간 많아졌으니까, 너희들 시간 되면 놀러 와."

수현이는 가장 말수가 적은 친구예요. 그래도 대학 입학이나 군입대, 전역 같은 중요한 일이 있으면 꼭 소식을 전해요. 스승의 날에도 저를 챙기고요(웃음). 재훈이는 노래를 잘하는 친구인데, 집안 사정으로 원하던 걸 못했어요. 재훈이가 전역하고 만났을 때 "이제는 진짜 노래를 해보고 싶다"고 고민을 토로했어요. 허튼 응원을 해서는 안 될 것 같았어요. "꿈을 핑계로 시간을 낭비하면 안 된다. 지금 선택하면 스스로 책임져야 한다"고 해줬어요. 재훈이는 지금 보컬 학원에 다녀요. 카페에서 일하면서 학원비를 보태고, 진지하게 꿈을 찾아 가는 모습이 대견해요.

희연이는 새로운 관심 분야가 생겼어요. 항공기 승무원에 도전하겠다네요. 원래 스타일이 좋은데 인스타 팔로워도 많이 늘었어요. 이런 추세면 인플루언서나 스튜어디스, 둘 중에 뭐가 될지 궁금해요.

제가 조언은 하지만 단언할 수는 없잖아요. 아이들의 생각을 듣고, 내 생각은 이렇다 정도로 말해줘요. 아이들이 진지하니까 저도 진지하게요. 요즘 세 친구에게 해주는 말은 돈 걱정은 마지막 순위로 둬도 괜찮다는 말이에요. 여러 현실적인 걱정 때문에 자기 것을 뒤로 미뤄둔 아이들인데, 살아보니 돈은 어떻게든 해결할 수 있다고, 그러니 가치 있는 선택을 하면 좋겠다고요. 그 친구들을 믿어요. 고1 때만 해도 뭐 하고 싶냐고 물으면 모르겠다던 친구들인데. 어떻게 다들 그런 단단한 모습이 생겼는지, 정말 뿌듯해요. 허투루 살지 않겠다는 그들을 보면서 제가 흐트러질 수는 없어요.

교육봉사의 경험은 주영쌤에게 언제 있어도 든든한 작은 공동체를 선물했다. 센터에 가면 같이 밥 먹자고 챙겨 주시던 선생님들과도 각별하게 지낸다. 주변 생각하지 말고 자기 하고 싶은 걸 찾으라고, 그래도 괜찮더라고 말해준 선생님은 몇 해 전 은퇴하셨다. 주영쌤은 한국에 오자마자 선생님을 찾아뵈었다.

주영쌤을 만나 보라면서 들었던 이야기가 있어요. 내가 가진 것은 내가 노력해서 얻은 것이라고 착각하는 사람들이 점점 많아지는데, 그걸 깰 수 있어야 상식이 통하는 공동체가 세워진다는 걸 보여주는 분이라는 말

이었어요. 사람들과 서로 지지하며 산다는 건 어떤 경험인가요?

제가 그런 말을 들을 자격이 되는지 모르겠어요. 너무 감사한 말에 어떻게 보답할 수 있을까요. 지금 하는 공부가 세상을 위해 쓰이길 바라고 있습니다. 사람이 함께 어울리고 부대끼면서 얻는 것들이 있잖아요. 그렇게 보면, 점프 활동이 좋은 어른이 될 소중한 기회를 준 게 맞네요.

세 친구에게 어떤 사람으로 남고 싶어요?

그들의 이야기를 항상 들어줄 수 있는 사람이면 좋겠습니다.

친구들이 필요한 시간마다 하는 얘기를 다 들어주려면, 바쁘지 않아야 겠네요?

하하하. 그 친구들을 만나는 일이 제게 바쁜 일이면 되니까요.

그를 만나고 떠오른 책이 있다.《나는 시간이 아주 많은 어른이 되고 싶었다》(푸른숲)라는 제목의 책이다. 13년간 초등학교 교사로 재직하다 전업 작가가 된 스위스 출신 작가 페터 빅셀이 썼다. 거기에는 시간이 아주 많은 어른에 대한 이야기가 있다.

나는 에밀을 존경했다. 그는 내 눈에 진정한 어른이었다. 알아야 할 것을 모두 아는 사람. 그리고 시간이 많은, 그것도 아주 많은 사람. 나는 에밀과 같은 어른이 되고 싶었다. 내가 그에게서 뭘 배웠는지는 모르겠다. 그러나 무척 많이 배웠다는 것, 그리고 그가 나에게 많은 영향을 준 사람 가운데 한 명이라는 것은 알고 있다(pp.24-25).

시간은 누구에게나 공평하게 주어진다. 그래서 '시간이 아주 많은 어른' 앞에는 부사가 하나 필요하다. '애써'라는 말이다. 애써 시간이 아주 많은 사람. 애쓰지 않으면, 소중한 관계를 지킬 수도, 좋은 어른이 될 수도, 지금보다 나은 세상도 만날 수 없을 테니까.

10 아이들이 미래를 꿈꿀 수 있다면

지역아동센터장 박진영

　지역아동센터는 보건복지부가 지원하는 아동복지 및 돌봄 시설이다. 다양한 프로그램을 통해 지역사회 아이들의 정서적 안정, 사회성 발달의 기회를 제공하며 미래세대를 지지하는 역할을 하고 있다. 지역아동센터와 점프는 오랜 활동 파트너다. 지역아동센터는 한정적인 사업 지원비로 다양한 프로그램을 운영하는 데 어려움이 있었고, 점프는 아이들을 만날 수 있는 거점을 찾고 있었기 때문이다. 센터 관계자들을 만날 때 두 가지 말을 많이 듣는다. "함께해 주셔서 고맙습니다" 그리고 "이 일을 언제까지 할 수 있을지 모르겠네요"다. 이 걱정은 대부분 경제적인 사정에 기인한다. 지역아동센터를 방문할 때면 가슴 한구석이 답답해져 올 때가 많았다. 아이들이 돌봄을 받는 장소이니 요즘 유행하는 스터디 카페처럼 쾌적한 공간이면 좋겠는데, 낡고 어수선한 분위기에 제대로 된 책장이나 책상 하나 없는 곳이 많다. 책장은 인테리어 설비에 포함되어 지원 항목에 해당하지 않는다고 한다. 현장의 수요를 제대로 반영하지 못하는 제도의 허점이다.

대구온누리지역아동센터(대구 서구 평리동)는 점프와 오랫동안 관계를 지속하고 있는 지역아동센터 중 한 곳이다. 담당 매니저는 이곳을 이렇게 소개했다.

여기는요, 공부 의욕이 전혀 없던 아이들이 장학샘을 만나면 서로 더 잘하려고, 경쟁적으로 공부하게 되는 현장입니다. 센터장님께서 웃으시며 '아이들이 공부에 미쳤다'는 소식을 전해 줍니다.

아이들이 게임에 미쳐서 '미칠 노릇'이라는 학부모의 고민은 많이 들어봤는데, 공부에 미쳤다니 수상했다. 공부가 전부는 아니지만, 그래도 아이들이 무언가에 에너지를 쏟고 있다는 이야기라 반가웠다. 인터뷰 요청에 박진영 센터장은 특유의 밝은 목소리로 인터뷰를 허락했다.

우리 아이들의 스토리가 엄청납니다(웃음). 서로 공부 경쟁을 하느라 불이 붙었어요. 우리 센터에 고2 아이가 전교 1등을 했거든요. 그 모습을 보고 아이들이 공부 욕심이 더 커져서 눈빛이 달라졌어요. 그런데 그거 아세요? 열심히는 하는데 성적은 쭉 안 오르네요. 성적이 안 오르는 사정이야 들어 보면 각양각

색입니다(웃음).

아이들의 변화에 관한 이야기를 듣는 일은 늘 유쾌합니다. 그런데 그건 그렇고 왜 그만큼 성적이 안 오를까요?

사실 아이들의 주변 환경이 공부에 집중할 상황은 아니거든요. 집안 사정으로 신경 쓸 일이 많고, 교재를 마음껏 구입할 수도, 학원을 아무 걱정 없이 다닐 수도 없으니까요. 그래도 이게 어딥니까? '중2병'을 걱정할 때인데, 다들 잘 생활하며 공부를 좋아하잖아요. 얼마나 다행이고 대견한지 모릅니다.

인터뷰를 하기 전, 박진영 센터장의 건강이 좋지 않다는 이야기를 들었다. 한동안 병원 신세까지 졌다고 했다. 병명은 '마미증후군'이었다. '마미馬尾'는 우리 몸의 중요한 신경 다발인 척수의 꼬리에 해당하는 부분이다. 마미증후군 환자는 신경의 일부 또는 전부가 압박되어 디스크 환자 중에도 초응급으로 분류된다. 수술과 치료 후에도 일부 신경은 회복되지 않을 수 있다고 한다. 걱정이 이만저만이 아닐 텐데, 그는 그런 기색 없이 씩씩한 모습이었다.

저희 센터 사업이 정부 지원을 받기 때문에 연말이면 한 해의 활동 평가를 위한 연간 보고서를 제출하거든요. 우리 아이들과 이만큼 열심히 했으니, 만점을 한 번 받아 보고 싶었어요. 꼬박 몇 주를 보고서에 매달렸습니다. 아이들처럼, 저도 평가라는 '어른의 공부'에 미쳤다고 할까요(웃음). 그러다 온몸에 마비가 와서 실신했어요. 눈을 뜨니 병원이더군요. 지금은 재활 치료 중입니다. 아이들을 잘 돌보려면 내 몸이 먼저 건강해야 한다는 걸 놓쳤네요. 참 바보 같죠?

그가 오래된 인생 이야기를 풀어냈다. 그의 아버지는 여자도 먹고살 수 있는 일이 있어야 한다면서 기술을 배우라고 권했다. 간호학과를 나와 간호사로 일했다. 그러다 아버지가 백혈병에 걸렸다. 꼿꼿하시던 부친의 마지막 시간 앞에서, 간호사가 된 딸은 무력했다.

그때 멘탈이 무너졌습니다. 명색이 간호사인데 아버지의 생사 앞에서 할 수 있는 게 없더군요. 자책감이 들었어요. 무기력할 때가 많았습니다. 노인 병동에서 근무한 적이 있어요. 며칠 전만 해도 저랑 즐겁게 '쎄쎄쎄' 놀이를 하던 어르신이 며칠 안 지나 돌아가시는 걸 겪으면서 삶이 참 허무하다는 생각이 늘었습니다. 죽음을 앞둔 노인의 자식들은 병원에 찾아오지 않아요. 행여 부모 병수발을 들까 봐 외면합니다. 병이 들었는데 간호해 줄 가족이 없는 분들을 '행려자'라고 합니다. 혼자 외롭게 생의 마지막을 맞이하는 거예요. 삶과 죽음, 이별과 아픔 같은 감정을 감당하기 힘들었습니다.

그는 애써 이룬 간호사의 길을 포기했다. 그즈음 복지사로 일해보지 않겠느냐는 제안을 받았다. 월급은 적었지만, 아이들을 돌보는 일이라는 말에 관심이 갔다. '한 번 해보자, 적성에 안 맞으면 딴 거 하면 되니까.' 그렇게 생각하며 지역아동센터에 지원했다. 그때 한 아이를 만났다.

피씨 성을 가진 아이였어요. 채용 면접을 보고 나오는데 그 아이가 저를 물끄러미 보더군요. "선생님은 누구세요?" 제 어릴 적 꿈 중 하나가 선생님 되는 거였어요. 그 아이를 통해 잊었던 꿈이 생각났어요. 센터에는 아이들이 많았어요. 찬찬히 아이들의 모습을 보다가, 운명처럼 이 일을 시작하게 됐습니다.

그는 아이들에게 빠져들었다고 했다. 집에 돌아와 가족회의를 열었다. 아이를 돌보는 일을 하겠다고 말했다.

제 나이 마흔을 넘겼을 때예요. 가족이 모인 자리에서 제 결심을 얘기했어요. 아이들 돌보는 일을 할 건데 이 직종이 돈은 못 번다, 다시 일터에 나가니 살림에 조금 소홀할 수 있다. 대신 열심히 하겠다고, 한동안 가족에게 소홀하면서 진 마음의 빚은 2-3년 뒤에 꼭 갚겠다고 했어요.

정부의 사업 지원비는 여유롭지 않다. 보조 교사들은 최저 시급 수준의 월급을 받는다. 처우 개선을 요구하며 목소리를 꽤 오랫동안 높였지만, 현실적으로 반영되지 못했다. 그나마 프로그램 운영비와 인건비가 분리되면서 조금 숨통이 트였다. 정액제에서 해당 경력을 인정하는 호봉제가 반영되기 시작한 것도 최근 일이다. 그렇다 해도 여전히 저임금 종사자에 해당한다. 임대료와 시설비 등은 사비에서 지출할 때도 많다. 지원 사업을 담당하는 일부 공무원은 의심의 눈초리를 보내기도 한다. 나랏돈이 어디 새지 않고 아이들 숫자만큼 제대로 쓰이고 있나 하는 것이다.

> 현장 모니터링이란 게 있어요. 한 번은 담당자가 와서 왜 센터에 있는 아이들의 수가 적냐, 밥그릇과 인원수가 안 맞는데 아이들 숫자를 부풀린 것 아니냐며 의심부터 하더군요. 정말 화가 나고 힘이 빠졌습니다. 그런 마음으로 아이들을 지원하는 사업을 한다니, 안타깝습니다.

대구온누리지역아동센터는 재개발 사업에서 제외된 동네의 다가구 주택에 자리 잡고 있다. 가까운 곳에 새로 지은 아파트가 번듯한 모습을 자랑했다. 건물 외부에는 센터를 알리는 번듯한 간판 하나 없었다. 2층으로 가는 계단 벽에는 아이들이 그린 그림들이 붙어 있었다. 센터 문을 열고 들어가니 몇몇 아이들이 낯선 손님을 호기심 어린 눈으로 쳐다봤다. 센터에는 아이들 특유의 깔깔거림이 가득했다.

> 센터를 맡은 지 12년째입니다. 시작할 땐 내가 이 일을 잘 할 수

있을지 고민이 많았는데 시간이 참 빠르네요. 근처 평리3동 초등학교는 새 아파트가 들어와서 학생 수가 더 늘어날 겁니다. 그만큼 방과 후 아이들을 돌볼 곳이 필요한데, 지금 사정으로는 계속 센터를 운영할 수 있을지 고민입니다. 이 동네는 유흥시설도 많아서 아이들에겐 좀 그렇거든요. 환경이 나은 근처 다른 곳으로 옮길까 하고 알아봤는데, 거기도 재개발 예정지라고 임대료가 훌쩍 높아져서 엄두를 못 내겠어요. 사실 신축 아파트로 옮기면 아이들에겐 더 좋은 환경이거든요. 그런데 어린이집과 달리 아동센터는 입주민들의 동의를 받아야 합니다. 지역아동센터는 취약계층 복지시설이라는 인식이 있어서 불편해하는 사람들이 있으니까요.

주소를 검색하고 왔는데, 쉽게 못 찾겠더라고요. 밖에 센터 간판도 안 보이네요. 아이들이 있는 곳이니 반듯하고 쾌적한 위치와 공간이면 좋을 텐데, 대부분 센터의 환경이 그렇지 못해서 아쉽습니다.

전에는 센터 활동을 알리고 싶어서, 좋은 프로그램이 많다고 외부에 현수막을 걸었는데, 이런저런 오해가 생기네요. 그래서 '보이는 것'에 신경 쓰기보다는 묵묵히 우리 할 일을 해왔어요. 아이들에게 나은 환경을 제공하고 싶은 마음은 굴뚝 같습니다. 공부방을 깔끔하게 리모델링하고 싶은데, 자꾸 우선순위에서 밀립니다. 정부가 지원하는 사업비에는 사용 항목 제한이 있어요. 예를 들어, 책장이나 시설 집기 구입에는 사용할 수 없어요. 물론 지원금은 투명하게 사용되는 게 맞지만, 아이들을 위하는 일이라면 유연하게 활용할 수 있으면 얼마나 좋을까요. 이 동네에는 기초생활수급자나 한부모 가정 아이들이 많아요. 부모님은 쉬는 날 없이 일을 나갑니다. 야근도 잦아서 아이들을 챙기기 힘들죠. 우리는 아이들에게 꿈을 가지라고 말하지만, 아이들을 둘러싼 현실을 보면 그게 쉽나요? 아이들을 탓하기 전에 이 질문을 먼저 해야 합니다. 한 번도 가족여행을 못 가본 아이들이 있습니다. 센터에서 매년 1회 수학여행을 가거든요. 제주도에 가면 어떤 아이들은 비행기 타는 게 처음이라며 신나 합니다. 수학여행 경비는 사업비로는 부족해서 십시일반 후원금으로 충당하지만, 그래도 부족해서 늘 체험 여행을 앞두고는 고민이 많습니다.

신세 한탄이 너무 길었네요. 점프 장학샘들 고마운 이야기를 전해야 하는데(웃음). 다들 얼마나 예쁘고 고마운지 모르겠어요. 여름방학 때 쌤 한 명이 대만 여행을 다녀왔어요. 맛있는 대만 간식을 듬뿍 사 들고 왔길래, 제가 손을 내저었습니다. 어른들은 됐으니, 우리 아이들 잘 챙겨달라고요. 쌤들이 다들 착하고 아이들을 너무 잘 챙깁니다.

이 사회는 가난하고 부유한 아이들을 구분하잖아요. 이 동네만 해도 그렇습니다. 주변이 재개발되고 신축 아파트가 들어서면, 낙후된 동네를 떠나지 못한 아이들은 다른 집과 비교를 당합니다. 다 어른들이 만든 일이지 아이들이 무슨 죄가 있습니까. 아이들이 주눅 들면 안 되잖아요. 그동안 공부고 뭐고, 아이들 자존감을 키우는 게 1순위 목표였습니다. 그래서 시작한 게 1인 1악기 프로젝트였어요. 젬베나 우쿨렐레를 배우면서, 아이들 웃음소리가 커졌습니다. 대구에 김광석 거리가 있거든요. 아이들이 거기로 '버스킹'을 나갑니다. 우리 아이들 연주 실력이 좋아서 인기가 많습니다(웃음).

그래서 아이들의 눈빛은 요즘 어떻게 달라졌나요?

우리 아이들이 공부에 흥미를 갖게 된 데는 장학샘들의 헌신이 있습니다. 사실 대외적으로 여러 비슷한 프로그램이 있지만, 필요한 시간만 채우면 끝나는 교육 봉사 활동이 많습니다. 점프 장학샘처럼 장기간 책임 있게 아이들을 챙기지는 않거든요. 처음엔 아이들 반응도 시큰둥했어요. "왜 귀찮게 하지?" "저 쌤도 잠깐 하다가 가는 거 아냐?" 이러던 아이들이 진심을 다하는 쌤들을 만나면서 달라졌어요. 이제는 먼저 센터에 와서 쌤들을 기다립니다.

　가장 불꽃이 튀는 경쟁자는 중2 여학생 둘입니다. 한 친구는 다문화 가정 아이이고, 안경 낀 다른 친구는 원래 모범생 스타일입니다. 둘이 공부로 경쟁하고 있어요. 난리도 아닙니다(웃음). 둘 다 이런저런 마음의 상처도 있어요. 한 친구는 아버지가 편찮으셔서 한동안 방황하기도 했고, 다른 친구는 집에서 키우는 반려동물 친칠라가 죽고 나서 우울해 했어요. 한동안 공부 경쟁은 잠잠해진 것 같아요(웃음). 어쨌거나 우리 아이들이 중2병 안 걸리게 붙들어준 건, 다 쌤들입니다.

재원이라는 친구가 있다. 다문화 가정 아이다. 아버지는 연세가 많으시고, 베트남 출신 엄마는 오래 전에 집을 나갔다. 재원이는 엄마에 대한 기억이 없다. 엄마의 출국 기록을 확인했지만, 고향으로 돌아간 기록은 발견하지 못했다. 한국 어딘가에 있다는 뜻인데, 엄마의 소식은 알 길이 없다. 몸이 편치않은 재원이 아버지는 고민이 많다. 자식 하나는 공부를 시켜야 된다며 한 푼이라도 더 벌기 위해 환갑이 넘은 나이에 고물상에 나가신다. 재원이는 센터 아이들과 제주도 여행을 가며 처음 비행기를 탔다. 처음 꿈이 생겼다. 파일럿이 되어서 엄마 나라에 가서 엄마를 만나보고 싶다는 꿈이다.

아이가 꿈이 생긴 뒤로 공부를 엄청 열심히 합니다. 한 번은 재원이가 수학 문제를 다 풀어온 거예요. 그런데 웃긴 게 뭔지 아세요? 시험지를 채점했더니 다 '소나기'에요. 소나기 아시죠? 맞은 거는 동그라미, 틀린 거는 쭉쭉 긋는 소나기 표시(웃음). 재원이가 공부 자세는 잡았는데, 답안지를 풀면 이게 다 소나기라 고민이 많습니다(웃음). 그래도 쌤과 열심히 하더니 조금씩 성적이 오르고 있어요. 언젠가 소나기는 잦아들고 동그라미가 늘겠죠?

　재원이가 파일럿이 되겠다는 꿈이 생긴 후 정말 공부를 열심히 해요. 재원이가 공군사관학교에 진학하고, 진짜 파일럿이 돼서 엄마를 만나면 좋겠어요. 아이가 꿈을 이룰 때까지 곁에서 꼭 도와줄 겁니다.

"장학샘들은 아이들에게 어떤 도움을 줬나요?"라고 물었을 때, 그는 모든 샘의 이름을 한 명 한 명 불러주었다. 어떤 장학샘은 아이들에게 너무 헌신적이어서, 나이는 어려도 배운 점이 많았다.

돌아보면, 제가 아이들만 생각하느라, 장학샘들의 사정을 헤아리지 못한 때가 있었습니다. 아이들과 더 시간을 보내줬으면 하는 마음이 앞섰던 거죠. '교육 봉사를 스펙으로 생각하나?' '우리 아이들한테 애정이 적은 건가?' 하고 오해를 하기도 했어요. 그런데 활동 평가 기간에 아이들의 얘기를 들어보면, 제가 틀렸어요. 성격이 무뚝뚝한 쌤은 자기가 한 일을 드러내지 않았을 뿐, 정말 열심히 아이들과 시간을 보냈더라고요.

장학샘들에 대한 고마움은 끝이 없는 것 같았다. 어쩌면 스치고 지나가는 인연인데, 그 짧은 시간이 아이들의 변화를 만들고, 소중한 기억이 되고 있었다.

참 다양한 이력의 쌤들을 만났어요. 영어면 영어, 음악이면 음악, 그렇게 아이들이 필요한 걸 잘 챙겨줬어요. 아이들은 그만큼 삶의 에너지를 얻었어요. 한 번도 생각해 보지 않은 미래를 생각하고, 삶을 대하는 자세가 달라졌어요. 쌤들은 자기 용돈도 부족할 텐데, 아이들과 수업 끝나고 만나 간식을 사줍니다. 활동 기간이 끝난 뒤에도 시간이 비었다며 센터에 와서 아이들 공부를 봐줍니다. 그런 고마운 일들은 셀 수가 없네요. 취업에 성공한 한 장학쌤이 아이들 필요한 일에 보태라며 후원금을 쾌척한 일도 있습니다. 식료품 회사에 취직한 쌤은 매번 잊지 않고 아이들 간식거리를 보내주기도 하고요.

점프는 장학쌤을 선발할 때, 센터 선생님도 면접에 직접 참여할 것을 권한다. 미리 지원자를 만나고, 1년 동안 아이들과 함께 보낼 장학쌤을 선발하는 것이다. 한번은 면접장에서 아이돌처럼 잘생긴 장학쌤을 뽑았다고 했다.

아이고, 제가 그 장학쌤 뽑고 나서 걱정이 많았습니다. 여자아이들이 그 쌤 얼굴만 쳐다보면 어쩌나 싶어서요. 그런데 정말 쓸데없는 걱정이었습니다. 아이들이 얼굴이나 외모 이런 건 하나도 관심 없고 공부만 열심히 하더라고요(웃음). 우리 아이들은 실력과 진심, 두 가지만 보나 봐요.

"장학샘이 없는 센터는 상상하기 힘드시겠네요." 이 말 한 마디에, 엄청난 '네버엔딩 스토리'가 돌아올지는 미처 몰랐다.

쌤들이 있어서 아이들이 자신감을 얻고 미래를 생각하기 시작했는데, 그 쌤들이 오지 않는다고요? 다른 것들이야 제 사비를 쓰든 어떻게든 하면 되지만, 이렇게 좋은 쌤들을 어떻게 구하나요? 공부를 아주 잘하는 고등학교 2학년 아이가 있어요. 그 학생의 어머니는 일하느라 바빠서, 자기 자식이 그렇게 공부를 잘하는지도 몰라요. 제가 어머니한테 아이가 공부를 너무 잘합니다, 서울의 명문대도 가능하고, 의대에 갈 수도 있어요, 그랬더니 어머니가 깜짝 놀라요. "우리 애가 정말 그렇다고요?" 그러면서 동생들도 안 보내던 학원을 보내기 시작했어요. 다문화 가족입니다. 엄마가 마라탕 식당을 운영하는데 장사가 잘됩니다. 소위 대박집입니다. 큰딸이 그렇게 공부를 잘하는데, 엄마는 아들을 더 챙겨요. 그래서 제가 둘째도 열심히는 하는데 성적은 안 오른다고 말씀드렸어요. 둘째는 대를 이어 엄마 식당을 운영하면서 '제2의 백종원'이 되면 좋겠다고 했더니 엄마가 펄쩍 뜁니다. "아닙니다. 아들은 공부시켜야죠. 저처럼 고생 못 시킵니다. 넥타이 매는 편한 일 시킬 겁니다"라면서요.

또 다른 다문화 가정 아이들이 있어요. 엄마는 캄보디아 출신인데 아버지랑 17살 차이입니다. 아버지가 너무 가정적입니다. 한쪽 귀가 안 들리는 장애가 있으신데, 가족들을 살뜰히 보살펴요. 한동안 딸들이 학교생활에 적응 못하고 방황할 때가 있었어요. 그러다 쌤들 만나면서 언니가 공부하는 자세를 잡으니까 동생도 열심히 따라 하기 시작했어요. 그때 쌤이 엄청 고생했습니다. 처음엔 아이들 반응이 미지근하니까, 10분만 같이 공부하자고, 내일 몇 시에 오니까 그 시간에 만나자고, 그렇게 어렵게 시작했거든요. 지금은 자매 모두 열심히 하고 있습니다. 그 모습을 보고, 아버지가 정말 행복해하세요.

힘든 환경에서도 저희 아이들은 씩씩합니다. 가정폭력에 시달리는 아이들도 있고, 정말 다양한 사연을 가진 아이들이 있는데요. 한 아이가 아빠한테 맞은 날엔 다른 아이들이 곁에서 위로해 주고, 한 아이가 연락 두절이 되면 다른 친구가 찾아서 데려오고, 그렇게 서로가 상처를 보듬어주고 있습니다. 그 아이들에게 공부하자는 쌤들이 있어서, 나쁜 생각 안 하고 책상 앞에 앉는 거예요. 장학샘이 오지 않는다는 그런 '만약' 같은 얘기는 절대 하시면 안 됩니다.

마미증후군으로 응급수술을 받고 재활이 중요한 상태에도 그는 인터뷰를 위해 두 시간 넘게 앉아서 긴 이야기를 들려주었다. 그즈음 학교 수업을 마친 아이들이 속속 센터 문을 열고 들어와 자리를 잡았다. 아이들의 저 앳된 얼굴 뒤에는 각자의 애틋한 삶이 있겠구나.

살면서 저는 사람 복이 없다고 생각했어요. 그런데 아이들이 달라지는 걸 보면서, 또 너무 감사한 쌤들을 만나서, 내가 사람 복이 있구나 깨닫습니다. 우리 아이들이 건강한 미래를 꿈꿀 수만 있다면 좋겠습니다. 그것 말고는 더 바랄 게 없어요.

11 한 번이라도 다정한 관심을 받은 아이는 다릅니다

이주민 돌봄센터 대표 송인선

경기도 부천시에 위치한 사단법인 경기글로벌센터는 2011년 점프 사업 초창기부터 인연을 맺은 곳이다. 송인선 대표는 처음 점프를 만난 날을 이렇게 기억했다.

당시 이주 배경 아이들이 우리 센터에 참 많았어요. 센터에서 청소년을 가르칠 돌봄 교사가 부족할 때라 이웃 교회 어른 몇 분이 아이들을 가르쳤어요. 그런데 다들 본업으로 바쁘니까, 아이들과 시간을 맞추기 어려운 거예요. 이 아이들을 어떡하나, 속으로 답답하던 그때 이의헌 창립자가 불쑥 찾아왔어요. 센터 건물에 붙은 '이주 배경 청소년 프로그램 지원' 간판을 보고 무작정 들어왔대요. 좋은 대학생이 정기적으로 아이들의 공부와 정서 지원을 도울 수 있다고 소개하더군요. 이런 기쁜 일이 어디 있겠어요. 우리 센터 말고 다른 곳도 여러 군데 찾아갔는데, 다들 괜찮다며 퇴짜를 놨나 봐요. 처음 듣는 이름이니 이상한 단체 아니냐고 의심도 했겠죠. 저는 너무 감사했습니다. 낯선 한국 사회에서 살아가려는 이 아이들을 위해 일하는 사람들이 또 있구나 싶어 반가웠습니다.

센터에는 다양한 이주 배경의 아이들이 온다. 외국에서 태어났지만 가정 상황에 따라 한국에 들어온 중도 입국 청소년도 많다. 인터뷰를 위해 방문한 센터 입구에는 사업 목적과 활동을 알리는 대형 배너가 있었다. '이주 배경 및 중도 입국 청소년 방과 후 학습센터' '이민자 조기 적응 프로그램 운영.' 한눈에 보이는 빨간색 글씨로 이렇게도 적혀 있었다. '이민자 무한돌봄 및 고충 상담 전문.' 눈길을 붙드는 단어는 '무한돌봄'이었다. 사무실 입구 천장에 매단 현판을 읽으니 투박한 진심이 느껴졌다. '국내 거주 이민자 단 한 사람이라도 마음의 상처를 받지 않고 안정된 생활과 정착을 할 수 있도록 지원한다.' 송인선 대표는 어떻게 이런 일을 하게 되었을까?

그는 대가족의 7남매 중 여섯째였다. 초등학교 5학년 무렵 아버지가 오랜 투병 끝에 일찍 세상을 떠나셨다. 학교를 제대로 다닐 수 있는 환경이 아니었다. 교복을 입고 가방을 멘 친구들이 부러웠다. 열일곱 살에 일거리를 찾아 상경했다. 자동차 부품 가게에서 일했다. 제법 수완이 좋아서 근무하던 부품 가게를 인수했다. 1987년이었다. 그러나 사업은 만만치 않았다. 아는 사람에게 큰 사기를 당하고 1996년 부도가 났다. 1년 뒤에는 IMF 외환위기가 찾아왔다. 마흔을 앞두고, 살아갈 일이 아득했다.

2001년 우연한 기회로 비영리 사단법인 실로암세계선교회에서 일하게 되었고, 미얀마, 베트남, 캄보디아 등지로 의료 봉사를 다녔다. 거기서 한국에 체류하다 다시 고향으로 돌아온 슬픈 이민자들의 사정을 듣게 되었다. 그는 이들을 돕는 활동을 해야겠다는 꿈을 가지고 2008년 경기글로벌센터의 문을 열었다. 경기글로벌센터는 2011년 '법무부 사회통합프로그램 경기도 10 거점 운영기관'으로, 2015년에는 미얀마 카렌족 재정착 난민의 한국 사회 적응을 돕는 민간 지원 기관으로 활동했다. 미얀마 카렌족은 난민법이 제정되면서 한국에 온 '재정착 난민 제도'의 첫 대상자였다.

경기글로벌센터는 이민자 고충 상담 및 현장 동행, 부당한 노동 문제 해결, 출입국 관련 행정민원 처리 및 법률 지원, 인권 보호 등 이민자들이 현실에서 부딪히는 거의 모든 고충을 다룬다. 영화 〈어디선가 누군가에게 무슨 일이 생기면 틀림없이 나타난다, 홍반장〉에 나오는 홍반장처럼.

점프와의 오랜 인연을 들으러 찾아간 자리, 누군가 애써 들려주지 않았다면 도무지 알 수 없는 삶이 거기 있었다. 인터뷰 중간 중간, "아, 점프 이야기가 많은데 계속 딴 길로 샜네요. 미안합니다"라고 했지만, '딴 길'로 샌 이주민 가족과 아이들의 현실은 우리가 꼭 알아야 할 이야기였다.

+++

우리 잠깐만 있다 이야기 나눠도 될까요. 오늘 법무부 사회통합프로그램 사전 신청 마감일입니다. 프로그램 신청자가 워낙 많아서 금방 마감이 돼요. 센터에 오는 한 학생이 자기 엄마 신청하는 것을 도와달라네요.

사회통합프로그램은 이민자가 한국 사회구성원으로 적응·자립하는 데 필요한 기본 소양, 한국어와 한국 문화와 사회 등을 이해할 수 있도록 마련한 교육으로, 2009년부터 법무부 소관으로 운영하고 있다. 경쟁률이 높아 이주민은 한국에서 뭐 하나 하려고 해도 전쟁이라고 송인선 대표는 푸념했다.

이주민 가족은 제 나라가 아닌 한국에서 살겠다고 찾아온 사람들이잖아요. 각자 많은 사연을 안고 여기 온 겁니다. 이주민 인구는 계속 늘어나고 있어요. 지금 사회가 이주민을 받아들일 충분한 준비가 되어 있을까요? 절실한 사연을 가지고 온 사람들인데, 누군가는 함께 고민해야죠. 솔직히 센터 운영과는 별개로 제 개인적인 시간도 많이 내야 합니다. 저도 사람인지라 지칠 때는 '나는 왜 이렇게 시간을 들이면서 이 일을 하고 있는가?' 하는 질문을 할 때도 있어요.

이주민을 돕는 일을 어떻게 시작하게 되셨나요?

2005년에 미얀마 의료 봉사를 갔을 때입니다. 7박 8일 일정 중에 현지 재래시장에 들렀어요. 거기서 한 장애인이 우리를 보더니 대뜸 한국말로 거친 욕을 했어요. 큰 충격을 받았습니다. 제가 가이드 선교사님한테 그랬어요. "저 사람의 사정을 알아봐야 한다. 이건 굉장히 중요한 문제"라고요. 한국에서 외국인 노동자 문제가 불거질 때였어요. 사정을 물어보니 그분은 한국에 산업연수생으로 들어왔다가 브로커에게 사기당해 불법 체류자가 됐어요. 그러다 일터에서 사고가 났는데, 사장이 병원에 혼자 방치하고 도망쳤다고 해요. 수중에 돈은 없지, 한국어도 잘 못 하니 사정을 설명할 길은 없지, 제대로 치료받지 못하고 장애인이 된 거였어요. 성치 않은 몸으로 또 일을 하다가 불법체류자 단속에 걸려 강제 출국을 당한 거였죠. 얼마나 화나고 억울한 인생입니까. 한국은 그에게 장애와 상처만 준 나쁜 나라가 된 거죠. 당시에도 외국인 노동자로 일하다 다치면 산재를 받을 수 있었어요. 그 누구도 도와주지 않은 거예요. 또 체불 임금을 정산받지 못하면 강제 출국시킬 수 없거든요. 일터에서 사고가 났으니 그 상황만 설명했다면 산재 처리가 가능하지 않았을까요. 사람을 보호하는 법과 제도가 있음에도, 그걸 알려주고 도와주는 사람이 없었던 겁니다.

이주민 노동자 가족의 슬픈 현실을 알고 난 뒤 저는 그들을 돕는 일을 시작하게 됐습니다. 어찌 됐든 한국에서 함께 살아갈 사람들이잖아요. 국가에서 이주민에게 필요한 돌봄을 제대로 해주는 날이 온다면, 제가 할 일이 없어져도 뿌듯할 것 같아요. 아직은 제가 할 일이 남은 것 같습니다.

+++

파키스탄 아이 아이샤가 있습니다. 아이샤의 아버지는 한국에 투자하고 사업체를 운영하는 외국인에게 발급하는 'D-8 비자'를 받았어요. 아이샤는 센터에서 접프 장학샘과 공부했습니다. 이 친구가 언어 문제 등으로 한국 학교에 늦게 입학했고, 아직 고등학교 2학년인데 만 19세가 됐어요. 국내법으로 이주 청소년이 성인이 되면 독립 비자를 받아야 계속 체류할 수 있습니다. 대학에 입학하면 학업을 위한 체류 비자를 받아요. 그런데 아이샤는 아직 고등학생이잖아요. 고등학생이라는 것을 매번 증명해야 출국 유예가 돼요. 증명이라는 게 참 고달픈 일입니다. 매달 재학증명서를 떼서 출입국관리사무소에 제출하고 확인을 받아야 해요. 그런데 사람이 살다 보면 깜빡할 수 있잖아요. 어떤 달에 아이샤와 아빠 모두 재학증명서 제출 마감일을 놓쳐서 강제 출국 명령을 받은 거예요. 출입국관리사무소에서는 절차대로 해야 한다고 으름장을 놓았나 봐요. 그 집이 난리가 났어요. 가족의 생활 기반은 다 한국에 있고 10년 가까이 지낸 한국인데, 딸 혼자 떠나야 한다니 말이 안 되잖아요. 아빠가 낯빛이 창백해져서 도와달라고 센터에 찾아왔어요. 문제를 해결하기 위해 사방팔방을 찾아다녔습니다. 사정을 듣고 도와주신 분들 덕분에 우여곡절 끝에 해결할 수 있었습니다.

참 고마웠던 점프 친구가 생각나네요. 김은지 장학샘입니다. 2023년 장학샘으로 와서 저희 센터의 6명 고3의 입시 준비를 도와줬어요. 아이들 사정에 따라 맞는 입시 전형이 다르거든요. 은지쌤이 외국인과 이주민 입시 전형을 따로 공부해서 개별 맞춤으로 입시를 챙겼어요. 그 덕분에 6명 모두 대학에 진학했습니다. 단순히 대학에 합격한 게 아니라, 한국에 계속 체류할 자격을 얻은 거죠.

은지쌤은 그 이후로도 이주 배경 청소년 문제에 계속 관심을 가졌어요. 어느 날은 센터에 찾아와서 아이들을 돕는 프로젝트를 하게 됐다고 소개하더군요. 대학생이 사회문제를 발굴하고 해결책을 모색하는 사업(SK행복나눔재단 써니스콜라,〈이주 배경 청소년을 위한 체류 자격과 유형별 진로 설계 워크북〉)이라며 제게 조언을 구했어요. 정말 좋은 생각이었지요. 워크북이 나오면, 제가 직접 들고 가서 전국 출입국관리사무소에 전달할 겁니다. 그리고 꼭 이렇게 말해줘야죠. "대학생이 아이들의 고민을 해결하려고 정말 애써서 만든 겁니다. 우리 사회와 어른들이 해야 할 일을 젊은이들이 하고 있습니다."

+ + +

여기 있으면 참 슬픈 일들이 많습니다. 이주민들에겐 기쁨과 행복보다 슬픔과 상처가 더 가깝다는 생각을 합니다. 아프리카 가나 출신 청년들이 있습니다. 이 사람들은 1월 1일 새해를 각별하게 생각하더군요. 고향에서는 새해가 되면 친구들과 이웃이 모여 파티를 연대요. 한번은 저를 새해 파티에 초대했어요. 장소는 인천 이마트트레이더스의 피자 코너였어요. 한국에서 일하고 있는 가나 청년 10명 정도가 모였더군요. 피자 여섯 판을 주문했어요. 그들이 나를 좋은 이웃으로 여겨 준다고 생각하니 얼마나 즐겁던지요. 그중 한 친구가 먼저 자리에서 일어났어요. 혼자 자취방에 있는 친구가 걱정된다며 병문안을 가야 한다더군요. 무슨 일이냐고 물었더니, 친구가 컨테이너 수출입 하역장에서 일을 하다가 크게 다쳤다더군요. 걱정돼서 같이 가보자고 했어요. 그렇게 해서 자취방에 갔는데, 아이고, 그 사람이 꼼짝달싹 못하고 끙끙 앓고 있어요. 사고를 당한 다리 쪽 괴사가 심각한 상태였어요. 불법체류 신세라 치료할 엄두를 못 냈던 거죠. 당장 병원에 가야 당신이 산다고, 안 간다는 사람을 그냥 부축해서 병원으로 데려갔어요. 제가 그 친구의 신원보증을 서고 다행히 치료를 받았습니다. 더 늦었다면, 그는 장애인으로 평생 살아야 했을지도 모릅니다.

어떻게 지치지 않고 계속 이 어려운 일을 할 수 있으신 걸까요.

그 답을 또 다른 이야기로 대신할까 합니다. 8남매가 사는 미얀마 카렌족 '재정착 난민' 가족이 있습니다. 인종 학살을 피해 제3국의 난민촌에 임시 체류하다가 난민법이 제정된 이후 한국에 들어왔습니다. 한 이웃으로부터 거주 환경이 너무 열악해서 아이들 건강까지 걱정이라는 말을 들었어요. 현장 조사를 갔어요. 말 그대로 문화 충격이었습니다. 온 방에 구석구석 곰팡이가 피었어요. 8남매가 화장실 하나를 쓰느라 아침에는 난리가 난답니다. 아이들 자는 방을 봤어요. 철제로 된 2층 침대가 있는데, 매트리스도 없이 그냥 철제 스프링 위에서 지내더군요. 아이들을 왜 이렇게 재우냐고 했더니, 자기 고향에서는 대나무 받침대에서 자니 괜찮을 거라고 해요. 가장 충격적인 건 아이들 위생과 건강 상태였어요. 몇 아이가 몸이 좀 아팠어요. 그런데 병원은 안 가고, 동전으로 온몸을 긁어서 피부가 벌겋게 일어났어요. 몸이 아프면 몸을 긁는 방식이 자기들 전통 치료법이라고 합니다. 정말 아무 말도 나오지 않았습니다.

'이 사람들은 한국에 정착했지만, 아직 그 삶은 난민 캠프에 머물고 있구나, 원시적인 삶 그대로구나.' 너무 아픈 현장이었어요. 이웃공동체가 그 가족의 문제를 해결하자고 모였어요. 난민 가족의 사연을 고 김수환 추기경의 삶을 기리면서 소외계층을 지원하는 '바보의 나눔' 재단에 보냈어요. 평화방송 라디

오 프로그램 〈아름다운 사람 아름다운 나눔〉에 사연이 소개되면서 후원금 모금을 위한 방송을 했어요. 사람 마음이 어디 다른가요. 그때 1천만 원 넘는 후원금이 모였어요. 우리도 십시일반 후원금을 보탰습니다. 그렇게 해서 곰팡이 핀 벽지를 다 긁어내고 새로 도배와 장판을 시공했어요. 화장실은 칸막이를 하고 이동식 변기와 소변기를 몇 대 들였습니다. 2층 침대엔 매트리스를 놓았습니다. 간이 옷장도 사서 각각 아이들 이름표를 붙여 구분해 줬습니다. 아이들 체형에 맞춰 속옷도 사줬습니다. 그전에는 속옷을 입지 않고 지냈거든요. 오래된 생활 습관을 바꾸는 시작이었습니다. 그 변화가 일회성이면 안 될 것 같았어요. 정기적으로 가정환경을 살피는 생활 지도사를 파견했습니다. 사는 환경이 바뀌니 아이들 표정이 부쩍 밝아졌어요.

+ + +

제가 센터를 운영하며 겪은 일들이 평범한 일상은 아닙니다. 하지만 험악한 사건이 일상인 사람들이 있습니다. 방과 후 여기 오는 아이들 역시 말 못하는 사정을 안고 삽니다.

애써 들여다보지 않으면 전혀 보이지 않는 아이들의 삶이 있습니다. 센터에 아이들이 처음 방문하면 제가 부모와 함께 가족 상담을 진행합니다. 무엇보다 정착 문제가 우선입니다. 어떻게 해야 계속 체류할 수 있는지, 현 상황에 맞춰 어떤 준비를 해야 하는지, 문제가 생기면 어떻게 대응해야 하는지 등 필요한 정보를 알려줍니다. 그리고 아이들에게는 진로와 관련한 동기 부여가 필요합니다. 이주민의 경우 한국어 능력 시험 토픽을 준비하고 진로 설계를 잘하면 대학에 갈 수 있다고 알려줍니다. 그러면 가족 모두 한국에서 함께 살 수 있다고 분명하게 말해 줍니다. 특히 아이들은 우리 사회의 미래 세대니까요. 아이들은 길이 보이면 덜 방황하게 됩니다.

이주민 지원센터나 공동체 프로그램에 참여하고, 점프 장학샘을 만나는 아이들은 축복받은 대상이죠. 한 번이라도 다정한 관심을 받은 아이는 다릅니다. 그 아이들은 공부를 왜 해야 하느냐고 묻지 않아요. 센터의 여러 청소년 프로그램 중에 청소년 심리 정서 지원과 진로 탐색이 있어요. 특이한 게 뭔 줄 아세요? 프로그램 참여율을 보면 진로 탐색이 월등하게 높아요. 아이들이 진로 코칭 계속 받을 수 있냐고 조릅니다. 아빠가 산재를 당한 친구는 간호사가 되겠다고 하고, 한국어를 못하는 엄마와 소통이 부족한 아이는 나중에 통역사가 되겠다고 합니다. 어떤 아이는 엄마의 나라가 궁금해서 외교관을 꿈꿉니다. 또 장학샘 언니, 형을 만나 힘을 얻은 아이들은 어른이 되면 이웃을 돕는 봉사를 할 거라고 말합니다.

점프 장학샘들 이야기가 많은데, 자꾸 아이들 얘기만 하고 있네요. 이 아이들 곁에서 든든한 장학샘의 역할이 있었다고 이해해 주면 좋겠습니다(웃음).

장학샘들 대부분이 스무 살 초반이잖아요. 그 젊은 나이에 하고 싶은 일이 얼마나 많아요. 그런데 교육 봉사 시간만큼은 어딘가에서 힘들어하는 아이들을 돕는 일을 삶의 우선순위에 두기로 한 거잖아요. 그런 마음을 갖는 게 쉽지 않습니다. 장학샘이 만나는 아이들은 사춘기를 겪는 중이고, 가정환경에 대한 고민과 불안이 커요. 아픔을 혼자 마음에 담아두면 병이 되잖아요. 어딘가에 풀어야 하는데 대화 창구가 없어요. 혼자 안고 가는 겁니다. 거기서 장학샘의 역할은 엄청나죠. 어디 하소연할 데 없는 아이들의 이야기에 귀 기울여주니까요. 제가 이 일을 한 지도 24년이 넘었네요. 오랫동안 사업을 하면서 자립 기반을 마련하지 못했습니다. 매년 센터 운영비를 걱정합니다. 언젠가는 문을 닫을 수 있겠다고 고민하는 날이 많습니다. 그만 할까 싶다가도, 여기서 끝나면 한이 될 것 같아요. 저도 어디 하소연할 데가 없어서, 〈유퀴즈 온 더 블록〉같은 방송에 나가 제 마음을 토로하고 싶은 날도 있어요(웃음).

말씀을 들으며 점프가 앞으로 있어야 할 곳이 어디인지, 더 선명해진 시간이었습니다. 더 들려주고 싶은 이야기가 있나요?

자기 잇속을 챙기면 이쪽 일을 못합니다. 돈과 욕심이 앞서면 아이들을 챙기는 일은 할 수 없습니다. 이제 그만할까 싶다가도, 여기서 멈추면 한이 될 것 같습니다. 아이들 얼굴이 떠올라서 조금만 더 여기서 버티려고 합니다.

사람들에게 큰 울림을 줬던 〈유 퀴즈 온 더 블록〉의 출연자가 떠올랐다. "똑바로 살기 특집" 편(157회, 2022년 6월 15일)에 출연한 박주영 판사다. 그는 삶을 포기하려고 했던 청년들에게 딱딱한 판결문 대신 위로의 편지를 써 주었다. 화제가 됐던 그 판결문의 일부를 소개한다.

밖에서 보기에 별것 없어 보이는 사소한 이유가 삶을 포기하게 만들듯, 보잘것 없는 작은 일들이 또 누군가를 살아있게 만듭니다. … 비록 하찮아 보일지라도 생의 기로에 선 누군가를 살릴 수 있는 최소한의 대책은 그저 그에게 눈길을 주고 귀 기울여 그의 얘기를 들어주는 것이 아닐까 하는 생각이 듭니다. … 사람이 사람에게 할 수 있는 가장 잔인한 일은 혼잣말하도록 내버려 두는 것입니다.

제3부

2014,
단원고 아이들의
곁에서

"남들이 보기에는 먼지만 한 가시 같아도
그게 내 상처일 때에는 우주보다도 더 아픈 거예요."
- 영화〈우리들의 행복한 시간〉에서

2014년 4월 16일, 우리는 여전히 그날을 선명하게 기억하고 상실의 아픔을 떨치지 못하고 있다. '가만히 있으라'는 무책임한 말을 반성하며 '잊지 않겠습니다'라고 다짐했다. 하지만 '국민이 안전한 나라, 아이들이 지켜지는 세상'에 대한 약속은 얼마나 지켜지고 있는가.

2014년 5월이었다. 경기도 교육청에서 점프에 긴급한 요청이 왔다. 단원고 아이들을 돕는 일을 함께할 수 있겠냐는 제안이었다. 점프가 해 오던 '일상 멘토링' 이상의 더 깊은 손길이 필요해 보이는 일이었다. 점프는 당장 입시를 준비해야 하는 단원고의 고3 수험생 곁을 챙기기로 했다.〈단원고 3학년 회복을 위한 점프 학습 멘토링 프로그램〉이다. 이 프로그램을 시작하면서 점프는 기획안에 세 가지 약속을 담았다.

1. 단원고 3학년 학생들이 진학 준비 및 학업을 지속할 수 있도록 도와야 한다.
2. 대학 진학을 6개월 앞둔 시점에서 지속적인 동기 부여 및 정서 지원이 절실하다.
3. 장기적으로 단원고와 지역사회가 아픔과 슬픔을 극복하기 위해서는 튼튼한 공동체가 필요하다.

프로그램 운영 기간은 2014년 6월부터 입시 결과가 나오는 12월까지로 했다. 서울과 안산 인근 지역의 대학생 대상으로 장학샘 모집 공고를 냈다. 단원고 아이들을 향한 마음이 커서였을까. 짧은 모집 기간에도 지원자가 많았다. 그중 50명의 장학샘을 선발하여 6월부터 단원고 고3을 위한 멘토링을 시작했다. 사고의 진실은 여전히 바다의 짙은 안개 속에 숨겨져 있었다. 단원고 2학년 교실 창가에는 친구를 추모하는 꽃과 작별 인사를 담은 포스트잇이 빼곡했다. 학교는 침울했고, 모두의 마음은 조심스러웠다. 단원고는 1층을 1학년, 2층을 2학년, 3층을 3학년이 썼다. 우리는 3층까지 조용한 발걸음으로 올라가 고3 멘티를 만났다. 이번에 인터뷰로 만난 당시 장학샘들에게는 공통된 기억이 있었다. 2학년 교실이 있는 2층 복도를 마주하기까지 많은 시간이 필요했다는.

멘토링 참여자의 인터뷰를 진행한 2024년은 세월호 10주기였다. 강산이 변한다는 10년, 세월호 이후 이 사회는 얼마나 달라졌고, 아이들의 슬픔은 얼마나 잦아들었을까. 당시 단원고 고3 학생들과 그 곁을 지켰던 장학샘을 만났다. 프로그램을 담당했던 총괄 매니저 이주미, 장학샘 이효경과 하나리, 당시 고3 정현욱과 이창환이다. 변한 건 나이일 뿐, 기억은 하나도 사라지지 않은 것 같았다. 그날을 잊지 말자는 표식인 '리멤버 0416'과 노란 리본을 카카오톡의 프로필 사진과 상태 메시지에 간직한 이들이 많았다.

12 '그 봄'이 들려준 이야기

매니저 이주미

　이주미는 〈단원고 3학년 회복을 위한 점프 학습 멘토링 프로그램〉의 총괄 매니저였다. 이전에는 사회복지사 1급 자격으로 청소년 센터 등 관련 분야에서 일하다가 2014년 초에 잠깐 일을 쉬고 있었다. 진로를 좀더 고민하기 위해 계획한 쉼이었다. 그러던 중 점프로부터 긴급한 요청을 받았다. "세월호 사고를 겪은 단원고 고3 아이들 곁을 지켜주는 프로그램을 맡아주셨으면 합니다." 다른 생각은 들지 않았다고 했다. 세상은 너무 소란스러웠고, 그해 4월 단원고는 임시 휴교령이 떨어졌다. 학교 문이 닫혔고, 아이들의 웃음소리가 사라졌다. 그 와중에도 고3의 시간은 가고 있었다. 대학 입시를 코앞에 둔 아이들에게 몇 분 몇 초는 소중한 시간이다.
　장학샘 50명이 선발됐다. 6월 13일, 단원고의 대강당 단원관에서

고3 대상 학습 멘토링 프로그램을 소개했다. 제목은 '앞으로 수능까지 6개월, 내 삶을 어떻게 변화시킬 것인가'였다. 걱정과 달리 대강당에는 많은 고3 학생이 자리를 채웠다.

고3 멘토링을 위해 교실과 강당, 상담실을 포함한 26개의 공간이 방과 후 문을 열었다. 장학샘들은 주 2회 교실에서 아이들을 만나 국어, 영어, 수학 등 주요 과목을 가르쳤다. 장학샘 한 명이 두 과목을 맡았고, 과목당 학생 4명으로 총 8명 아이들이 배정됐다. 장학샘들에게 긴 설명을 할 필요는 없었다. 누구보다 힘들 아이들 곁을 지켜달라는 주문이었다. 수업은 매주 월요일부터 토요일까지, 일요일만 빼고 진행했다. 프로그램에 참여한 고3 아이들은 228명, 과목 중복 신청을 포함하면 총 참여 인원은 634명으로 집계됐다. 이는 당시 단원고 고3 학생의 절반이 넘는 숫자다. 정기 멘토링과 별개로 진로 특강과 대학생 선배 네트워킹 프로그램도 있었다. 정신과 상담 프로그램도 준비하여, 정신과 전문의가 아이들의 심리 상담을 지원했다.

그해 봄, 온통 세상의 관심이 학교에 쏠렸다. 취재진이 몰려들고, 학부모의 분노와 눈물, 아이들의 슬픔으로 학교는 무너져 있었다. 장학샘들은 묵묵히 해야 할 일을 했다. 서울에 사는 장학샘들은 사당역 근처에 마련된 임시버스를 타고 단원고로 이동했다. 늦은 밤 수업을 마치면 다시 임시버스를 타고 사당역까지 와서 각자 귀가했다. 이주미 매니저도 마찬가지였다. 하루를 마치고 집에 도착하면 늦은 밤이었다. 몸은 정말 피곤한데, 잠은 쉽게 오지 않았다. '우리가 여기 온 이유가 있을 것이다. 아이들을 도울 일이 분명 있을 테니까.' 이주미 매니저는 이 마음이 세월호의 시간을 버티게 해줬다고 회고했다.

+++

그날의 기억은 아직도 생생합니다. 가슴이 너무 아팠어요. 당시 저는 경력과 관련한 계획이 있어서 잠시 휴직 중이었는데, 단원고라는 요청을 받고는 '무조건 해야 한다'는 마음이 들었습니다. 그때는 모든 게 조심스러웠어요. 세월호라는 말만 들어도 울컥할 때니까요. 너무 급하게 돌아가는 상황이라, 장학샘 지원자가 얼마나 될지 걱정했는데, 정말 좋은 분들이 속속 지원했어요. '아이들을 위해 뭐라도 할 수 있다면'이라는, 모두 같은 마음이었다는 생각이 듭니다. 전체 50명 장학샘 중 안산 쪽에 사는 6명을 제외하고, 나머지는 서울에서 왔습니다. 장학샘들은 학교 수업을 마치고 오후 5시에 사당역에 모여서 단원고로 왔어요.

처음에는 어려움도 많았습니다. 학교 선생님들은 사고 대응으로 도무지 경황이 없었어요. '학교에서 아이들을 책임지는 건 선생님인데, 대학생이 와서 뭘 하겠다고?'라는 불편한 시선도 받았습니다. 우리야 좋은 마음을 갖고 왔지만, 학교에서는 반갑지 않은 외부인으로 보일 수 있으니까요. 사실 그때 취재진이다 뭐다 해서, 학교를 불쑥 찾아오는 외부인들이 너무 많기도 했습니다. 슬픈 아이들 곁을 지켜줘서 고맙기도 했지만, 당장 수습해야 할 많은 일들로 숨이 찼던 시절입니다. 모두가 예민했습니다. 어쩌다 날카로운 말을 들으면 또 얼마나 서럽던지. 그래서 활동 초반에는 혼자 눈물이 날 때가 많았어요. '내가 여기 왜 있지?' '도대체 우리가 뭘 할 수 있을까?' 스스로 의심도 되고, 속상한 감정들이 막 차올랐거든요.

아픔을 겪은 사람이 그만큼 다른 사람의 아픔을 이해하는 걸까요? 장학샘 중에 친동생이 천안함 사고를 당한 이가 있었어요. 예기치 않은 사고를 통해 가족이 겪는 트라우마를 누구보다 잘 안다면서, 동생에게는 아무것도 못 해줬으니, 여기 있는 아이들을 돕고 싶다고 했습니다. 그 얘기를 듣는데 또 눈물이 왈칵 쏟아졌습니다. 하지만 우리는 절대 슬픈 내색을 하지 말자고 약속했어요. 아이들 곁에 있어 주려고 온 거니까, 우리 할 일을 하자고요. 6월 초에 고3을 대상으로 프로그램 소개하는 행사를 진행했어요. 아이들이 너무 슬픈 얼굴이면 어떡하나 걱정했는데, 다들 그 또래 학생의 모습이라 다행이었어요. 아이들과 첫인사는 차분하고 씩씩하게 나눴습니다. "여기 날고 기는 대학생 언니, 형들이 왔으니까, 우리 열심히 수험 기간을 헤쳐 나가자"고 일부러 더 씩씩하게 말했습니다. 그때 4층 대강당에 고3 친구들이 정말 많이 왔어요. 경황이 없었을 텐데 어떻게 그렇게 많이 모였을까요? 어쩌면 입시라는 코앞의 현실을 통해 슬픔을 벗어나고 싶었을지도 모릅니다.

장학샘과 약속한 게 있었어요. 감정에 휩쓸리지 말고, 우리가 여기 온 책임을 다하자는 거였어요. 인터뷰 요청을 받고 10년

만에 그때의 활동 기록을 찾아봤어요. 장학샘과 아이들 모두, 담담한 마음으로 후기를 적었어요. 그 담담한 기록 뒤에 우리가 아는 소중하고 애틋한 시간이 있습니다. 서로를 다독이며 '으쌰 으쌰' 했지요. 장학샘은 아이들의 진로 고민을 들어주고, 힘들어 보이면 떡볶이나 피자를 시켜 먹기도 했어요. 쌤들은 자기 용돈으로 아이들 간식을 사주고, 아이들은 그게 또 마음에 걸린다며 용돈을 모아서 주문했죠. 우직한 아이들이 대견했어요. 그 당시 저도 직장과 진로 고민으로 흔들리고 있었거든요. 아이들과 함께 저도 새로운 인생의 길목을 맞이할 수 있었습니다.

인터뷰를 준비하면서 당시 장학샘과 아이들이 기록한 활동 수기집을 일부러 챙겨봤다던 이주미 매니저는 눈물을 보였다.

살면서 사람들의 그렇게 다양한 얼굴을 만난 건 그때가 처음이었어요. 때론 왜 저럴까 싶기도 했고, 때론 너무 속상하면서 따뜻했어요. 토요일에는 아이들과 장학샘의 점심으로 근처 분식집에서 김밥을 주문했어요. 사장님이 매번 손수 배달해 주시는데, 김밥을 들고 올 때마다 하고 싶은 얘기가 있어 보였어요. 그러다 어느 날 잠시 머뭇거리더니 "너무 감사하다"는 거예요. 학교가 이렇게 난리가 나서 장사가 안 될 줄 알았는데, 우리가 있어서 도움이 됐다고, 아이들 곁에 있어 줘서 감사하다고요. 어느 밤에는 술 취한 어르신이 찾아왔어요. "아무 일 없이 조용하게 사는 동네에 와서 왜 난리를 피우냐"며 막 고래고래 소리를 치셨어요. "너희 때문에 온 동네가 상갓집이 됐다"면서 지나가는 아이들에게 삿대질도 했죠. 내 마음은 '슬프다'는 것 한 가지인데, 참 여러 가지 모습들이 있구나 싶었어요. 정말 이상했어요. 아이들의 아픔은 그냥 위로받을 줄 알았는데 그게 아니었으니까요. 사회에서도 이런저런 오해가 많았잖아요. 아픈 상처를 후비는 나쁘고 못된 말들요. 그러다가 문득 그런 생각이 들었어요. '아, 저분은 자신의 삶이 너무 힘들어서 원망할 대상이 필요한 거구나.' 그런 생각까지 해야 하는 게 또 서러웠지만, 그러면서 괜찮아졌어요. 시간이 지나면서 아픔은 차차 가라앉겠죠. 그래도 미안해하는 마음은 잊히지 않으면 좋겠어요. 매년 그날이 오면 가슴 한구석이 저릿한 이유가 그래서인 것 같아요. 아이들에게 미안한 일을 더 이상 만들지 않았으면 좋겠어요.

그날 이후 수학여행 문화는 바뀌었다. 단체 수학여행을 안 가는 학교가 늘었다. 단원고에서는 '끼리끼리 세상 밖으로(2015년)', '나를 찾아 세상 밖으로(2016년)' 등의 이름으로 6-12명씩 그룹별로 떠나는 소규모 자율여행으로 바뀌었다. 수학여행을 가지 않겠다는 학생의 의사도 존중됐다. 한동안 배를 타고 제주도로 가는 아이들의 여행은 모습을 감췄다. 세월호 참사 9주기인 2023년, 단원고는 예전의 단체 수학여행을 재개한다면서 학생에게 필요한 일상을 복원하겠다고 밝혔다.

입시는 끝났고, 우리의 역할도 끝났습니다. 아이들과 작별할 시간이 왔습니다. 아이들은 정들고 슬펐던 학교를 떠날 준비를 하고 있었어요. 프로그램 수료식이 있던 날, 참 많은 눈이 내렸습니다. 덕분에 모처럼 학교는 어두운 모습을 벗고 새하얀 풍경을 만들었어요. 그 마지막 날에…(그는 말을 잇지 못하고 눈물을 흘렸다). 2014년은 제가 서른 살 되던 해였어요. 그 시간을 함께해 준 친구들에게 너무 고마운 마음이 들어요. 대부분 장학샘들이 스물하나, 스물둘이었고… 그 어린 친구들이 쌤이란 이름으로 해냈구나! 그 기억들이 갑자기 몰려와서 울컥하네요. 프로그램을 시작할 때만 해도 무뚝뚝하던 선생님들이 반갑게 손을 내밀어 주셨어요. 아이들과 함께해 줘서 고맙다고, 고생했다면서요. 돌아보면, 어른과 아이들 모두 각자의 위치에서 묵묵히 해야 할 일을 하고 있었던 겁니다.

2024년 봄을 맞이하는 마음은 어떤가요?

제가 엄마가 됐습니다. 아이들과 평온한 하루를 유지하는 일이 얼마나 소중한지 너무 잘 압니다. 그때는 일한다는 생각에 미처 말해주지 못했는데, 장학샘들이 너무 대견해요. 그때 함께했던 친구들은 그해 2014년을 어떻게 기억하고 있을지, 이야기를 듣고 싶네요.

13 슬픔 뒈엔
    질문만이 남았다

단원고 졸업생 정현욱

    정현욱은 이효경 장학샘의 8명 멘티 중 한 명이다. 고등학교 졸업 후에도 진로를 정하지 못하고 방황하다가, 이효경 장학샘이 들려준 이야기를 떠올렸다. 뒤늦게 하고 싶은 공부를 찾아서 대학교에 편입한 이야기였다. 현욱도 그렇게 자신의 길을 찾았고, 지금은 사진작가로 활동하고 있다.

    2014년 겨울, 입시를 마친 그는 혼자 카메라 배낭을 메고 진도 팽목항으로 향했다. 팽목항은 사고 이후 진도항으로 이름이 바뀌었다. 늦게나마 팽목항을 찾은 것은 동생들에게 못다 한 작별 인사를 나눠야겠다는 마음이었다. 그는 고3 시절, 예고 없는 슬픔을 겪으면서 깊은 존재론적 고민에 빠졌다. 돌고 돌아 자신이 좋아하던 사진기를 들었다. 하지만 '어떻게 살아야 하는가?'에 대한 답은 계속 찾는 중이다.

+ + +

지금 제가 스물여덟이니 2014년 그때 효경쌤 나이가 됐네요. 저보다 열 살 많은 쌤은 인생 선배라는 느낌이 컸어요. 우리가 고민을 말하면 자기 일처럼 들어주고, 진로를 걱정하면 자기가 살아온 이야기를 해주셨어요. 쌤 고향이 안산이거든요. 쌤이 나온 고등학교는 공부 잘하는 학교로 유명해요. 그래서 '쌤은 원래 공부를 잘했나 보다. 좋게 흘러간 인생이었겠구나'라고 짐작했는데, 그건 아니래요. 쌤도 대입 재수를 하고 성적에 맞춰서 대학에 갔다고 했어요. 그런데 대학에 가서는 전공이 안 맞아 방황하고, 취업하고 나서도 생각이 많았대요. 고민 끝에 돌고 돌아 법대 편입을 했다고 했어요. 그때는 솔직히 너무 정신이 없어서 공부에 집중할 수 없었어요. '내가 좋아하는 게 뭐지? 잘하는 게 있었나?' 그런 고민을 할 때, 쌤이 흘러가듯 들려준 말들이 생각났어요. 겉으로 보이는 삶이 다는 아니구나. 정답이 있는 건 아니구나. 결국 인생의 답은 스스로 찾아야 한다는 생각들요.

그날 사고 속보가 뜨고 30분도 안 지나서 학교는 난리가 났고, 방송국 취재 차량이 왔어요. 학교에서는 당분간 수업을 못 할 것 같다고, 귀가하라고 했어요. 기자들이 취재를 하면 학생은 응답하지 말라고 했고 '오프 더 레코드' 같은 말도 들려왔죠. 그때 들었던 '오프 더 레코드'는 우리를 보호하려는 뜻으로 생각했어요. 사고 소식을 학교에서 들어서 밖에서 무슨 일이 일어나고 있는지 다 알 수가 없었죠. 집에 돌아와 뉴스를 봤어요. '전원 구조' 속보가 뜨기에, 다행이라고 생각했습니다. 이후 상황은 잘 아시겠지만…. 혼란스러운 일들이 몰아쳤어요. 뉴스에서는 저희 학교의 풍경이 생중계되고, 학교 대강당에서는 난리통 속에서 선생님들이 학부모에게 항의를 받았어요. 어떤 분들은 분을 못 이겨 선생님과 드잡이하고 있었어요. '도대체 이게 무슨 일이지? 왜 선생님을 저렇게 대하지?' 선생님들은 무릎을 꿇고 계시고, 부모님은 넋을 잃으셨고, 처음 보는 어른들의 처량한 모습이었어요.

눈앞이 흐려졌어요. 멍해서 그랬는지, 눈물이 나서 그랬는지, 잘 모르겠어요. 그러다 정신이 번쩍 들었어요. 학교의 주인은 우리인데, 우리가 학교를 지켜야겠다고 생각했어요. 밤이 되면 학교도 좀 조용해지겠지 생각하며 늦은 밤 학교에 갔습니다. 신기한 일이었어요. 서로 연락한 것도 아닌데 그 밤에 많은 친구들이 학교에 모이는 거예요. 다들 같은 마음이었나 봐요. 모두 그렇게 말없이 학교에 왔어요. 대강당에서 다들 말없이 어른들이 버리고 간 담배꽁초와 쓰레기를 주웠습니다. 너무 힘들어하는 후배들도 보였어요. 무슨 말을 해야 할지 몰랐어요.

휴교령이 떨어지고, 동네 전체가 장례식장이 되었습니다. 제가 교내 동아리로 차를 마시는 '다도' 모임을 맡고 있었거든요. 수학여행을 떠난 동아리 2학년 10명 중 8명이 돌아오지 못했어요. 그때의 감정이 뭐였는지 모르겠어요. 너무 큰 슬픔을 어떻게 감당할지 모르는 나이였으니까요. 제가 느낀 감정은 비장함에 가까웠던 것 같아요. 옷장에서 검은색 옷을 찾아 입었어요. 동생들의 장례식장을 찾아다녔습니다. 부모님들께 인사를 드리고, 한 명 한 명 영정 사진을 보며 작별 인사를 했어요. 저만 그런 게 아니라, 제가 아는 친구들 모두 검은색 옷을 입고 빈소를 찾았어요. 발인하는 날, 돌아오지 못한 친구들을 실은 운구차가 교정을 돌면서 학교와 마지막 작별 인사를 했습니다. 학교는 눈물바다가 됐어요.

사고가 있던 그날 밤 학교를 찾아가고, 돌아오지 못한 동생들의 장례식장을 다 찾아갔군요. 본인 마음을 추스르기에도 힘겨운 시간이었을 텐데요.

학교도 동생도 친구들도, 제 일상이 거기 다 있으니까요. 도움은 안 되더라도 거기 우리가 있어야겠다는 마음이었어요. 이전처럼 아무 생각 없이 그냥 살던 것처럼 살아서는 안 될 것 같았어요. 동생들에게 너무 미안했습니다. 그때는 정신이 없어서 친구들과 이런 이야기를 나누지 못했는데요. 다들 성인이 되고 술 한 잔 나누면서 하나둘 그 이야기를 풀어내요. "나도 그런 생각을 했어. 도대체 사는 게 뭘까?" 누가 물은 것도 아닌데, 다들 혼자서 비슷한 질문을 했다고요.

다도 동아리에서는 부원들 생일이면 모두 모여서 축하하고 단체 사진을 찍었어요. 그런데 동아리 단체 사진을 앨범에 넣은 기억이 있는데, 다시 찾아보니 그 사진만 없어요. 분명 앨범에 있어야 하는데, 어디 간 걸까요? 시간이 흐르고 동생들의 얼굴이 아른거려서 찾아봤는데 보이지 않아요. 생존한 두 동생과는 계속 만나고 있어요. 그 친구들을 만나면 어쩔 수 없이 이런 생각을 해요. '만약 그날이 없었다면, 우리는 어떤 어른이 되어 있을까? 그 여덟 명 동생들이 지금 같이 있다면, 어떤 일을 하고, 어떤 모습일까?' 돌아오지 못한 동생들의 얼굴은 그날의 시간에 머물러 있으니까요. 그래서 생존한 두 동생을 만나면 좋으면서 안타깝고 서글프고 그래요. 물론 서로 그런 내색은 안 해요. 이제는 담담해질 시간이 되어서 그렇겠죠. 아, 이런 생각을 하면 또 이상한 감정이 들어요.

그때 인생에 대해 정말 많이 생각했어요. '언제 어떻게 될지 모르는 인생, 정말 소중한 걸 찾아야 하지 않을까?' 그때 자주 들었던 말이 있어요. "그래도 산 사람은 살아가야지." 그런데, 그 말이 싫었어요. '참 쉽게 말하네.' 그 생각부터 들었거든요. 그런데 정작 현실은 살아가는 것이었어요. 이전과 다른 게 있다면, '어떻게 살아가는 게 맞지?' 그런 고민을 깊게 하게 되었다는 거죠. 솔직히 그해는 너무 버티기 힘들었거든요. 그때, 우리 곁에 있어주는 사람이 있다는 것 자체가 힘이 됐어요. '아, 우리 고3이었지.' 정말 까먹고 있다가 현실을 자각한 거죠. 쌤들을 만나 일상을 이야기하는 시간이 너무 필요했어요.

슬픔과 고통을 이겨내는 방법을 조금은 찾았나요?(현욱은 인터뷰어를 잠시 물끄러미 바라봤다. '정말 그럴 수 있다고 생각하세요?' 되묻는 것 같았다).

저는 노래 듣는 걸 좋아하거든요. 쌤과 수업하다 쉬는 시간에 노래 듣고, 그러다 수업에 조금 늦을 때가 있고, 공부할 마음이 안 생기면 쌤에게 그랬어요. "쌤, 저 노래 조금만 더 듣다가 들어가도 될까요?" 그때 임형주가 부른 〈천 개의 바람이 되어〉를 자주 들었어요. 마음이 복잡할 때는 그냥 울고 나면 왠지 후련하잖아요. 노래를 들으면 노래가 나 대신 울어주는 느낌이었어요. 그러면 조금은 차분해졌어요.

수능 마치고 팽목항에 가보고 싶다는 생각을 했어요. 제가 사진을 좋아했으니까, 사진으로 기록을 남기고 싶었어요. 저 혼자 갔어요. 그냥 혼자 가고 싶었거든요. 그날 팽목항에 눈이 펑펑 내렸어요. 늦은 밤 버스터미널에 도착했는데, 한 발짝도 내딛기 힘들 정도의 폭설이었어요. 겨우 팽목항까지 갔는데 한 치 앞이 안 보이는 거예요. 너무 춥고 외로웠어요. 거기 사고 수습을 위해 계속 머물고 있던 분들이 있었어요. 저를 보더니 어떻게 왔냐며 걱정하셔서 단원고 졸업반인데 한번 와 보고 싶었다고 했어요. 그분들의 임시 컨테이너 숙소에서 밤을 보냈습니다. 외로운 동생들 곁에 있어 주는 사람들이 있어서 다행이었습니다.

대학 생활에 적응하지 못했어요. 일찍 방산 업체에 입대해서 대체 복무를 했어요. 그러다가 '현타'(현실 자각 타임)가 왔어요. '왜 이렇게 허우적대고 있지. 삶을 낭비하지 말고 진짜 내가 하고 싶은 걸 찾자'고 마음먹었어요. 제대 후 그동안 모은 돈으로 사진 전문 입시학원에 등록했습니다. 꿈을 잊지 않는 사람은 언젠가 그걸 이룬다고 하잖아요. 제가 사진이라는 꿈을 한 번도 잊지 않았다면 거짓말이지만, 그래도 계속 미련이 남았나 봐요. 졸업 전시를 준비하면서 효경쌤을 초대했습니다. 쌤이 졸업전에 찾아와서 응원해 주고 축하금도 주셨어요. 다시 제 꿈을 찾아갈 수 있었던 건, 저를 응원해 준 사람이 있어서였어요. 자신의 경험을 나눠준 따뜻한 분이 있어서 버틸 수 있었고, 좋아하는 일을 찾아갈 용기를 얻었으니까요.

지금 '그날'은 어떤 의미인가요?

언제까지 그 얘기를 할 거냐는 말도, 절대 잊지 않겠다는 말도, 바쁜 생활 속에서 뜸해지고 있네요. 그래도 그때를 평생 기억하며 제 안에 기록해둘 겁니다. 그게 내가 해야 하는 약속 같거든요. 아무 예고 없이 떠난 동생들이 '삶은 유한하다'는 말을 계속 들려주니까요.

14   아이들에게 더 이상
미안하지 않기를

장학샘 이효경

"선생님은 처음부터 우리를 친근하게 대해 주셨고, 수업뿐 아니라 진로에 관한 이야기를 자주 해주셨습니다." 2014년 12월 단원고의 한 3학년 학생이 멘토링 수업을 마치고 작성한 활동 기록 내용이다. 장학샘 이효경은 매주 2일 활동하면서, 단원고 고3의 입시를 챙겼다. 담당 과목은 영어였다.

효경쌤이 장학샘 모집 소식을 들었을 때, 그는 서른 즈음이었다. 태어나서 자란 곳이 경기도 안산이었다. 온갖 뉴스에 등장하는 고향 아이들의 이야기가 남의 일 같지 않아서 가만히 있을 수는 없었다고 했다.

+++

그때 저는 졸업 후 취업했다가 다시 편입한 늦깎이 학생 신분이었죠. 그해 봄 세월호로 온 나라가 어수선한데, 학교 게시판에서 〈단원고 3학년 회복을 위한 점프 학습 멘토링 프로그램〉의 장학생 모집 공고를 봤어요. 평소였으면 그냥 스쳐 지나갔을 텐데, '단원고'와 '회복'이라는 두 단어가 저를 멈추게 했어요. 제가 태어나 자란 곳이 경기도 안산이거든요. 제가 학생이었을 때는 단원고가 아직 없었어요(단원고는 2005년 3월 개교했다). 제가 청소년기를 보낸 동네의 아이들을 생각하니 진짜 남의 일 같지 않았어요. 대학 졸업하고 잠시 영어학원에서 일한 경력이 있습니다. 입시에서 필수 과목인 영어를 가르치면 고3 친구들에게 도움이 되겠다 싶었어요. 사실 뭘 가르친다는 것보다는 이 아이들을 위해 뭐라도 할 수 있다면 하는 마음이었어요.

이전에는 교육봉사를 해본 적이 없었어요. 잠시 영어학원에서 아이들을 가르친 적은 있지만요. 그런데 단원고 친구들을 만난다고 하니 부담과 걱정이 컸어요. 아이들이 얼마나 큰 상실의 아픔을 겪고 있을지 알 수 없어서 너무 조심스러웠어요. 이 아이들도 고3이라는 중요한 관문을 통과해야 하니까, 다른 건 몰라도 그 현실에서 내가 도울 수 있는 일이 있을 거라고, 마음을 굳게 먹었어요. 다행인지 불행인지, 제가 만난 아이들은 슬픈 내색을 많이 하지 않았어요. 힘들면 울어도 될 텐데, 그러지 않더라고요. 아이들은 그냥 아이들이었습니다. 학교는 침울했지만, 그 안의 학생들은 어디에나 있는 고3의 모습이었어요.

아이들이 흔들리지 않아서 저도 흔들리지 않을 수 있었어요. 특별한 일은 일어나지 않았습니다. 제가 할 일에 집중했어요. 기출 모의고사를 참고해서 예상 문제를 주고, 아이들이 풀어오면 오답을 체크했어요. 고맙게도 아이들이 잘 따라와 줬습니다. 아무 일 없어도 고3은 스트레스가 많잖아요. 아이들이 조금 쉬고 싶다고 하면 아이스크림을 사서 나눠 먹고, "오늘은 공부 말고 쌤과 수다를 떨고 싶어요" 하면 그러자 했어요. "쌤, 저 지금 마음이 좀 그런데, 잠깐 혼자 음악 듣고 와도 될까요?"라는 아이도 있었죠.

처음 학교에 간 날이 생각납니다. 어떤 말로 설명할 수 있을까요? 2학년들이 돌아오지 못한 학교 2층엔 슬픔이 가득했어요. 계단을 오르면서 차마 2층은 못 보겠더라고요. 어느 날 수업을 마치고 내려오면서 2층 저 복도 끝까지 처음 바라보았어요. '정적'이라는 단어가 너무 슬픈 말이란 걸 그날 알게 됐습니다. 제가 만난 3학년 아이들의 분위기는 그렇게 어둡거나 우울하지는 않아서 묘한 감정이 들었습니다. 아이들이 어떤 얼굴이든 슬픔은 불쑥불쑥 올라왔을 텐데, 어떻게들 참고 버텼을까요? 매일 사방에서 세월호 뉴스가 들려왔는데 말이죠. 저도 아이들도, 굳이 그 얘기를 꺼내지 못했어요. 그러다 서로 안부를 묻다 보면, 어쩔 수 없이 툭 하고 그 얘기가 나올 때가 있었어요. "안녕, 오늘은 누구 만났어?" "친구요." "친한 친구야?" "저랑 동아리를 같이 하는 친구를 만났어요. 그런데 그 친구의 동생이 사고를 당해서…" 그런 식이었죠. 꺼내기도, 삼키기도 너무 힘든 이야기였어요. 그럴 때 무슨 말을 해줄 수 있을까요? 아무 말도 할 수 없었어요. "그랬구나, 친한 친구가 있어서 좋겠네." 그냥 그렇게만 말해줄 뿐이었죠.

제가 고3들과 10년 정도 나이 차가 있으니까, 저를 어려워하지 않을까 생각했는데, 빨리 친해졌어요. 학교 수업을 마치고 아이들을 만나러 안산까지 이동하면 2시간이 넘게 걸렸어요. 그리고 늦게나 되어야 집에 돌아오는 일과라 지치고 가기 싫은 날도 있었을 법한데, 이상하게도 가기 싫다는 생각은 한 번도 들지 않았어요. 왜 그랬을까요. 내가 그렇게 열정적인 사람이었나? 그건 전혀 아니거든요. 저란 사람을 기다리고 반겨주는 아이들이 있어서 그랬던 것 같아요. 아이들 모두 수업 시간이면 진지했어요. 단 한 명도 이유 없이 수업에 빠진 적이 없었습니다.

시간이 금세 지나가서 어느새 마무리할 때가 되었습니다. 수능 마치면 꼭 한 번 다시 만나자고 약속했어요. 입시를 마친 아이들과 맛난 음식을 먹고 수다를 떨었어요. 볼링장에 가고 노래방까지 가서 정말 신나게 놀았어요.

그후로도 아이들과 계속 안부를 묻고 지냅니다. 그때는 깍듯하게 쌤이라고 부르더니, 언젠가부터 제 별명을 부르고 있어요. 제 이름 끝 자를 따서 '갱님'이라고 부르네요. 그런 친근한 별명으로 불릴 수 있어서 더 좋습니다. 수업을 6월부터 11월까지 했으니까, 6개월 정도잖아요. 어떻게 보면 짧은 시간인데 계속 인연을 이어가는 게 신기해요. 취업했다면서 맛있는 거 사주겠다며 찾아오고, 저도 좋은 일 생기면 다 같이 모이자고 하고, 그러면 또 다들 모여요.

친구들이 너무 애틋해서 눈물을 펑펑 흘린 날이 있어요. 제 결혼식 날이었어요. 아이들과 소식을 나누는 단톡방에 "쌤 결혼한다. 축하해 줘. 축의금은 안 내도 되니까, 시간 되면 놀러 와." 그렇게 툭 소식을 남겼거든요. 그런데 제 멘티였던 여덟 명 아이들 모두 멋지게 정장을 차려입고, 결혼식에 온 거예요. 그때 저는 신부 대기실에 있는데, 그 아이들이 우르르 몰려와서 "갱님 결혼 너무 축하해요"라고 하는 거예요. 다 남학생이거든요. 처음 보는 남자들이 저를 둘러싼 모습을 보고, 부모님이 누구냐며 깜짝 놀라셨어요. 단원고 제자들이라고 소개했더니 부모님께서 너무 감사한 인연이라고 하셨어요. 결혼식 내내 눈물이 안 났는데, 양가 부모님께 인사드릴 때도 울지 않았거든요. 그런데 아이들을 보고 눈물이 펑펑 났어요. 고맙고, 미안하고, 대견하고…. 어쩌면 내가 이 친구들 삶에서 작은 위로가 됐구나. 하나의 기억이 됐구나 하는 생각이 들었어요. 그때가 아니었으면 만나지 못했을 여덟 명의 남동생이 생긴 거죠. 이제는 서로의 인생을 응원하는 사이예요. 아이들 덕분에, 잘 살아야겠다고 생각하게 됩니다.

돌아보면 좋은 추억들이 많았네요. 제가 도라에몽 초코우유를 좋아했거든요. 그걸 알고 아이들이 책상에 초코우유를 숨겨

놓은 적이 있어요. 제 생일이 10월 9일 한글날인데, 그날 깜짝 이벤트라면서요.

요즘도 사회가 제대로 돌아가고 있나, 화날 때가 있는데요. 조금 엉뚱한 주제 같지만, 교육만큼은 사회주의 시스템을 적용하면 좋겠어요. 빈부 격차는 계속 커지고, 아이들이 받는 교육도 질과 양에서 엄청 차이가 나잖아요. 부유한 아이들은 쇼핑하듯 학원을 골라 다니는데, 그 반대편에는 어쩔 수 없이 배움을 포기하는 아이들이 존재하니까요. 다른 건 몰라도 아이들 교육만큼은 누구 하나 차별받지 않고 공평한 기회를 얻으면 좋겠어요.

어떤 어른이 되고 싶나요?

저도 자식 키우는 엄마가 되어서, 아이 먹이고 재우고 놀아주고, 조금만 아파도 걱정하다 보니 책임감에 대해서 조금은 알겠어요. 세월호 이후에 어른들이 아이들에게 미안해하는 분위기가 생긴 것 같아요. 어른이 아이에게 미안하다고 말할 수 있는 것도 발전이라고 할 수는 있겠지만, 미안해할 일이 더 이상 없었으면 좋겠어요. 다음 세대에게 미안할 일을 하지 않는 어른, 그게 지금 아이들에게 필요한 어른의 모습 아닐까요?

아직 그 친구들에게 물어보지 못한 말이 있어요. "그때 얼마나 힘들었니? 지금은 괜찮니?" 그런 말들. 아직은 꺼내면 안 될 말들 같아요.

15 모두 병들었는데
아무도 아프지 않았다

단원고 졸업생 이창환

이창환은 '그날' 이후 카카오톡 프로필에 올린 '리멤버 0416, 세월호 그날을 잊지 않겠습니다'는 문장을 지금까지 바꾸지 않았다. 기억은 시간이 지나면 흐릿해지기에, 잊어서는 안 될 기억을 분명히 저장해둔 것일까. 그는 매년 4월 16일이면 손가락 반 마디만 한 노란 리본을 책상 서랍에서 꺼내 가방에 단다. 그날이 지나면 리본을 다시 잘 간직해 둔다. 잊지 않겠다는 말은, 잊지 못하는 것과 동의어다.

나이 서른이 가까워지고 어른이라는 말이 익숙할 때가 되면, 슬픔의 크기가 달라질까? 그저 한 시구를 떠올릴 뿐이다.

아무도 그날의 신음 소리를 듣지 못했다
모두 병들었는데 아무도 아프지 않았다.(이성복, 〈그날〉)

단원고 졸업생 이창환은 IT 기반 교육회사에서 일하고 있다. 자신이 기획에 참여한 교육 서비스를 초등학교 아이들이 잘 활용하는 것을 볼 때, 일의 보람을 느낀다고 했다. 모교인 단원고는 졸업 후 10년 동안 두 번 정도 가보았다. 그것도 길을 지나다 우연히 들른 길이었다.

그때는 학교가 세상의 전부 같더니, 사회인이 되어 가 보니 되게 작은 교정이더라고요.

창환은 질문에 주로 짧게 대답하는 편이었다. 그의 삶 또한 복잡하게 살기보다는 단순한 쪽을 선택하는 편 같았다. '그날' 이후 어떻게 버텼는지 조심스레 물었다. 그는 이상한 질문을 받은 듯 잠깐 멈칫하더니, 간결하게 대답했다.

그냥, 살았습니다.

+ + +

너무 힘들었다는 기억밖에 없어요. 고3이었는데다, 그 일이 덮치면서 더 힘들었던 기억이죠. 학교를 졸업하고 시간이 지나도 별로 달라지지 않았어요. 세월호와 단원고라는 꼬리표는 계속 따라다녔어요. 제가 나온 학교 이름을 듣는 사람들은 이제는 괜찮냐고, 얼마나 힘들었냐고 물었어요. 채용 면접장에서도 그랬죠. 그런 질문을 받으면 대충 얼버무렸는데, 사실 한 번도 괜찮지 않았고 여전히 힘듭니다. 이게 '그날'을 겪은 사람의 대답이란 걸 알면 좋겠어요.

아픈 기억은 시간이 흐르면서 사그라들 거라 하지만, 그렇다면 되게 슬플 것 같아요. 저와 제 가족이 직접적인 당사자는 아니지만, 제 삶의 일부였던 친구들과 가족의 일이니까요. 사고로 돌아오지 못한 한 동생은 제 어머니 친구분의 아이예요. 그분들한테 누군가는 잊지 않고 있다는 걸 말해주고 싶어요. 그래서 카카오톡 프로필을 바꿀 수 없어요.

단원고 교복을 입고 나가면 "어, 단원고," 그렇게 다 알아보고는 괜찮냐고 묻는 사람들이 있죠. 마음 달래주려고 하는 말일 텐데, 다들 괜찮냐고만 묻는 게 싫었어요. '누가 봐도 괜찮지 않은데, 왜 계속 괜찮냐고 물어보지?' 정말 교복을 벗어 던지고 싶었어요. 당시 3주간 임시 휴교를 했어요. 학생들을 보호하려는 조치였겠죠. 휴교 기간에 동생들의 장례식장을 다 찾아다녔어요. 누가 시킨 게 아니라, 친구들이 자발적으로 갔어요. 그냥, 가야 한다고 생각했어요.

저는 배드민턴 동아리였어요. 동아리 후배 중 돌아오지 못한 동생들이 있습니다. 영정에는 친한 동생들, 얼굴만 아는 후배, 잘 모르는 얼굴들도 있었어요. 빈소에서 작별 인사를 하고, 부모님께 절을 드리고, 멍한 발걸음으로 집에 돌아왔어요. 그때 어떤 감정이었는지 잘 기억이 안 나요. 그냥 슬프다, 그건 아니었는데…. 몇 주 그렇게 정신없이 다니다가 학교에 돌아와서, 고3 학습 멘토링 프로그램 소식을 들었어요. '아, 나 고3이었지. 입시 준비해야 하네.' 두렵고 싫지만, 고3은 피할 수 없는 현실이니까요.

저는 형, 누나가 없거든요. 그때 만난 하나리쌤이 마치 누나처럼 생각됐어요. 저랑 나이 두 살 차이였는데, 왜 그렇게 어른스럽게 느껴졌을까요? 쌤은 되게 열정적이셨어요. 수업에 필요한 게 있으면 우리에게 준비하라고 시켜도 됐는데, 직접 다 챙겨왔어요. 그때 쌤도 많이 바빴던 걸로 알거든요. 맛난 거도 많이 사주셨던 기억이 나요. 수능 끝나고 우리를 다 불러 모아 회를 사주셨어요. 대학생이라 용돈도 많지 않았을 텐데… 얘기하다 보니, 이것저것 고마운 게 참 많네요.

쌤이 왜 그렇게 어른스럽게 느껴졌는지 다시 생각해 보면, 엄청 열심히 사는 모습이 그랬던 것 같아요. 가장 좋았던 게 뭔 줄 아세요? 제 기억으로, 나리쌤은 한 번도 '그 일'에 대해 묻지 않았어요. 섣부른 위로의 말도 하지 않았습니다. '괜찮니?' '힘드니?' 같은 것도 묻지 않으셨어요.

저 대학 입학 소식을 듣고 쌤이 자기 학교에 초대했어요. 안 그래도 캠퍼스는 어떤 모습일까 궁금했는데 먼저 소개해 주시고, 그렇게 활동이 끝난 뒤에도 연락했어요. 제가 군 입대하면서 연락을 했고, 그 이후 제대하고 나서는 잠시 소식이 끊겼어요. 그때 쌤이 취업 준비로 무척 바빴거든요. 그래서 이번 인터뷰 때문에 쌤한테 오랜만에 연락을 받고 좀 놀랐죠. 솔직히 처음에는 '나리쌤 결혼하시나?' 그 생각을 했거든요(웃음). 일본에서 취업해서 잘 지내신다네요. 모처럼 쌤의 소식을 들어서 좋았습니다.

지금도 괜찮냐는 말이 싫어요. 하나도 위로가 안 되는 말이거든요. 그래서 저는 누가 힘들 때, 괜찮냐는 말은 안 해요. 그냥 '밥 먹자' '술 한 잔 할래?' 하고 옆에 있어 주는 걸로 그만이죠. 돌아보면 쌤이 그랬던 것 같아요. 그때 저도 열심히 수업에 참여했거든요. 제 할 일을 열심히 하려고 했어요.

묵묵히 곁을 내어주는 사람들이 있었다는 게 다행이네요. 쉽게 건네는 위로의 말들이 싫었다고 했잖아요. 세월호를 두고 오해도 참 많았는데, 그때 어른들을 보면서 어땠어요?

(잠시 생각) 솔직히 얘기해도 되나요? 어른들이 하는 말을 들으며 참 치사하고 더럽다, 그런 생각했어요.

가장 치사하고 한심한 말은 뭐였어요?

단원고 출신은 가산점을 줘서 좋은 대학 입학시켜 준다고, 보상은 얼마 받는다고, 단원고 학생들은 많은 혜택을 준다는 말들이 많았잖아요. 누가 그런 것 필요하다고 했나요? 친구들이 왜 돌아오지 못했는지를 사실대로 알고 싶었는데, 돌아오지 못한 친구들에게 정중하게 작별 인사를 하고 싶었을 뿐인데, 제멋대로 막말을 하는 어른들이 있었어요.

어떤 어른이 되고 싶나요?

곧 서른이 될 텐데, 그러면 되게 어른일 줄 알았거든요. 그런데 입시를 준비하던 그때보다 겨우 조금 큰 느낌이에요. 저는 어떤 어른이 되고 있을까요? 큰 꿈은 없지만, 누군가 도움이 필요할 때 생각나는 사람이면 좋겠어요. 사람들은 별 볼 일 없는 친구는 찾지 않잖아요. 그래서 '능력자' 어른이 되고 싶어요. 거창한 능력을 말하는 건 아닙니다. 누군가 힘들고 아플 때, '아 창환이란 친구가 있었지' 떠올리고 연락하면 저도 부담 없이 곁을 지켜줄 수 있는 그런 능력자가 되고 싶어요.

소중한 사람과 아무 예고 없이 헤어질 수 있다는 게 지금도 너무 무서워요. 그래서 늘 만나는 친구, 가족에게 무슨 일이 생기지 않기를 바랄 때가 많아요. 예고 없는 슬픔이나 이별이 없으면 좋겠어요. 하루하루가 너무 감사해서, 그 소중한 하루를 흐트러트리지 않기 위해 묵묵히 살고 있습니다.

그 일상을 더 이상 누릴 수 없는 친구들에게 해주고 싶은 말이 있나요?

너무 슬프죠. 그 친구들은 제가 맞이하고 있는 그 후의 10년을 못 만난 거니까요. 이렇게 저만 재밌어도 되나 모르겠어요. 저는 스무 살 이후의 삶이 더 재밌거든요. 그 일이 없었다면, 이렇게 잊지 않고 찾아오는 하루가 있다는 걸 깨닫지 못했을 거예요. 그게 너무 아쉽고 미안해서, 오늘 하루도 최선을 다해 살아가려고 합니다.

+ + +

그는 요즘 회사 일이 바쁘다고 했다. 인터뷰 당일에도 어쩌면 야근을 하게 될 수 있으니 시간을 늦춰도 되냐고 했다. 인터뷰를 마치고 물었다. "이제 야근하러 가나요?" 모처럼 경쾌한 대답이 돌아왔다. "아닙니다. 할 일 다 하고 왔어요. 야근은 안 하면 좋은 거니까요(웃음)."

특별한 일상이란 따로 없다. 우리는 그렇게, 먼저 떠난 누군가가 간절하게 맞이하기를 바랐을 하루를 살아가고 있다.

16 그래서 오늘도
　　　당신의 안부를 묻습니다

장학샘 하나리

　하나리는 일본에서 직장을 구해 도쿄에서 거주하고 있다. 한국에서 N년째 구직을 했지만 경쟁은 갈수록 치열해지고 만만치 않았다. 그러다 정부의 '청년 해외 취업 지원 사업' 문을 두드렸다. 이 사업은 해외 진출을 희망하는 청년을 대상으로 해외 기업체 연수 및 알선, 상담 등을 통해 해외 취업을 연계하는 프로그램이다. 나리쌤은 해당 사업을 통해 일본의 글로벌 금융회사에 취직했다.

　나리쌤과는 금요일 퇴근 후 온라인으로 인터뷰를 진행했다. 주말을 앞둔 '불금'이라서일까. 온라인 회의 채널로 만난 나리쌤의 목소리와 표정은 무척 밝았다. 먼저 근황을 물었다. 타지에서 일하는 게 힘들지 않느냐는 물음에, 일본의 회사 생활에 만족한다는 대답이 돌아왔다. "지금 회사가 외국계라서 분위기가 자유롭고, 권위적이지 않아 마음이 편하다"

고 했다. 그러면서 덧붙였다. "한국은 경쟁이 너무 치열하잖아요. 언제 취업할지 알 수 없고, 구직 활동하면서 많이 지쳤거든요."

그는 경기도 안산의 한양대 에리카 캠퍼스를 졸업했다. 전공은 일본어이고 금융경영학을 복수 전공했다. 2014년, 스무 살의 하나리는 캠퍼스에 찾아온 봄에 들떠 있었다. 얼마 후 장학샘으로 단원고 고3 학생을 만나게 될 줄은 전혀 생각하지 못했다. 그러던 4월, 세월호 사고가 났다. 대학교 동기 중에 단원고 출신 친구들이 있었다. 동네에서 한 다리 건너면 슬픈 소식이 들린다고, 한 친구가 슬픈 목소리로 말했다. 단원고 출신 친구들은 후배들의 빈소에 가서 장례식 운구 등을 도와주었다. 캠퍼스의 봄에는 우울한 그림자가 드리워졌다.

+++

꽤 오래전 일인데, 기억이 생생하네요. 살면서 문득 그날이 떠오릅니다. 그때의 이야기를 나누자는 제안을 받고 반가웠어요. 너무 슬픈 일이라 그렇게 말하면 안 되겠지만, 그때 만난 고3 친구들과 너무 좋은 기억이 남았거든요. 이상한 건, 제가 힘들 때나 슬플 때가 아니라, 뭔가 뿌듯한 일이 있거나 좋은 순간에 그때의 기억이 나요. 타인의 아픔을 가장 많이 생각하던 시간이라 그럴까요. 걱정 반, 긴장 반의 복잡한 감정을 갖고 장학샘 활동을 시작했습니다. 예상과 달리 아이들은 겉으로 보기에는 평범한 모습으로 우리를 맞이했어요. 너무 큰 슬픔이라 드러낼 수 없었던 건지, 처음 만나는 타인에게 감정을 드러내고 싶지 않았던 건지, 그건 모를 일입니다. 아이들은 성실하게 수업을 따라와 줬어요. 장학샘이라는 타이틀이 있었지만, 고3 친구들과 제 나이 차는 고작 1-2년 정도였어요. 그래도 아이들은 '쌤'이라고 부르며 우리를 존중하고 잘 따랐습니다.

그때 3학년은 3층 교실을 사용했어요. 2층 계단을 오르며 마주치는 2학년 교실의 복도는 너무 고요했습니다. 소란스러웠을 2학년 아이들의 목소리가 사라졌으니까요. 제 마음 탓인지, 그때 학교는 굉장히 어두운 색채였어요. 세상은 봄빛으로 활기찬데, 학교는 회색과 정적만 기억이 나요. 제가 느꼈던 중압감 때문이었을 겁니다. 아이들이 일상을 빨리 되찾았으면 하는 바람뿐이었죠. 나라도 아무 일 없던 것처럼 아이들을 대하자고, 고3 수험생의 입시 준비를 돕자고, 그 생각만 했어요. 우리가 아이들에게 어떤 위로나 도움이 될지, 뭔가 그런 기대를 하면 안 될 것 같았습니다. 그냥 서로의 하루를 곁에서 지켜줄 수 있기를 바랐습니다.

인터뷰를 준비하면서 그때를 돌아봤어요. 훌쩍 10년이 흘렀는데, 마치 엊그제 일처럼 기억들이 선명했습니다. 언젠가 한 번쯤 끄집어내 읽어보는 학창 시절의 일기장처럼요. 슬프기만 한 시간은 아니었습니다. 슬프고 미안한 마음이지만 즐거움도 있기를 바랐습니다. 우리가 함께 있는 시간만큼은 즐겁게 집중하는 시간을 가졌어요. 가끔은 "우리 카페 가서 공부 할래?" 제안하면 아이들도 신나 했어요. 그렇다고 늘 좋은 마음만은 아니었죠. 우리를 지켜보는 시선이 막 따뜻하지는 않았어요. 오해를 산 적도 있어요. 장학샘끼리 이야기를 나누다가 웃을 때가 있었나 봐요. 그 모습을 본 친구들이 그랬대요. 지금 다들 너무 힘들고 슬픈데, 대학생 언니들은 자기끼리 즐거워 보인다고요. 그 이야기를 듣고 아차 싶었어요. 너무 속상했고, 그냥 미안했습니다.

저는 주 2회 국어를 가르쳤어요. 제가 국어 전공은 아니지만, 입시를 준비하면서 국어 성적을 단기간에 올린 경험이 있거든요. 그 경험을 살려서 아이들을 도와주고 싶었어요.

남학생과 여학생 각 4명, 총 8명이 제 멘티였습니다. 그때 누구보다 힘들었을 텐데 아이들은 내색하지 않고 저를 따라줬어요. 아이들의 태도가 반듯해서 반대로 제가 에너지를 얻었어요. 제가 말주변이 없어서 잘 설명하긴 어려운데요. 제가 준비한 수업에 잘 따라와 주니까 다음, 또 다음 수업을 더 열심히 준비했어요. '아, 지금 이 아이들은 자기 삶을 놓고 싶지 않구나. 그러니 내가 더 열심히 준비해야지' 하는 상호작용이었다고 할까요. 서로를 응원하면서 받는 너무 특별한 에너지가 있는데, 그걸 어떻게 설명할 수 있을까요? 활동 당시에는 제가 그 친구들을 돕는다고 생각했는데, 돌아보니 아이들에게 배운 게 많았다는 걸 알게 돼요.

너무 속상해서 펑펑 울었던 날이 있어요. 처음에는 아이들과 서먹하다가 차츰 가까워지기 시작할 무렵에 생긴 일입니다. 태도가 의젓한 한 친구가 있었어요. 수업 중간에 잠시 일상적인 이야기를 했거든요. 제가 무심코 "너 동생 있어?"라고 물었는데, 갑자기 정적이 흘렀어요. '어, 뭔가 잘못됐는데.' 그날 처음, '아무것도 말할 수 없는 표정'이 뭔지 알았습니다. 그 친구 동생이 사고를 당했단 걸 나중에 듣고 너무 슬펐습니다. 저와 수업하는 동안에는 전혀 그런 내색이 없어서 아무것도 몰랐던 거죠. 혼자서 다 끌어안고 버티고 있었겠죠. 그날 그 얼굴이 계속 떠올라서, 집에 돌아와 펑펑 울었어요. 너무 슬픈 밤이었습니다.

그 친구가 내색하지 않고 혼자 끌어안고 있었을 슬픔이 가늠이 안 됩니다. 그토록 힘든 상황에서 우리는 어떻게 견뎌낼 수 있는 걸까요?

잘 모르겠습니다. 그런 방법이 있을까요? 다만 제가 만난 아이들에게는 이 말을 해주고 싶어요. 누군가 너희의 슬픔을 걱정하는 것만큼 잘 지내주면 좋겠다고요. 다른 말은 떠오르지 않습니다.

제 삶에서 장학샘 활동은 잊을 수 없는 시간으로 남았습니다. '왜 그때의 시간이 그렇게 소중하지?' 자문할 때가 있어요. 그건 외로움 때문인 것 같은데요. 취미 활동을 하거나 뭔가 즐거운 일을 해도 그때뿐이고, 시간이 지나면 조금 헛헛한 느낌이 들 때가 있잖아요. 그런데 타인에게 마음을 담아 쓰는 시간은 헛헛함보다는 무언가 특별한 의미를 갖는 것 같아요. 최근에도 비슷한 경험이 있었어요. 대학 졸업하고 취업 기간이 길어져서 힘든 시기를 겪었지만, 해외 취업으로 눈을 돌리고 여기서 경력을 잘 쌓아가는 중입니다. 회사에서 승진했을 때 "거봐, 난 뭐든 잘하니까" 하고 우쭐해한 적이 있어요. 그때 회사 선배가 제게 이런 말을 해줬어요 "물론 네가 잘한 건 맞아. 하지만 좋은 일들은 주변 사람들이 함께 있어서 되는 거야"라고요. 그 말을 듣고 머리가 번쩍! 했어요. 그동안의 제 삶을 돌아봤더니 '나 혼자'만을 챙기며 살았더라고요. 내 고민이 많아서 '함께'라는 따뜻함을 잊은 거죠. 그런 감정을 다시 찾고 싶어서, 여기서 제가 할 수 있는 봉사활동을 알아보고 있습니다.

제 카카오톡의 프로필 이미지는 '리멤버 0416'이 적힌 세월호 리본입니다. 제 삶에서 2014년의 4월 16일을 잊지 않고 싶었어요. 그 봄은 너무 슬펐지만, 친구들을 만나 너무 따뜻했거든요.

언제쯤 카카오톡 프로필 이미지를 바꾸실 것 같나요?

아직은 추모 리본을 바꿀 생각이 없어요. 10년이면 기억이 잊혀질 법한데 제겐 여전히 살아있는 시간이라서요. 세월호의 진실과 별개로 우리가 잊지 말아야 할 것들이 있잖아요. 가족을 잃은 슬픔을 안고 살아가는 이들이 있다는 걸 절대 잊어서는 안 될 것 같아서요.

요즘은 다들 바쁘고 마음의 여유가 없어서, 타인을 생각하는 시간이 적잖아요. 어쩔 수 없이 나를 먼저 챙겨야 하는 이기적인 세상이 되어가는 게 아쉬워요. 저 역시 나를 챙기기도 바쁜 삶이지만, 할 수 있는 한 따뜻한 사람이 되자고 다짐해요. 그건 평소에 연습하지 않으면 안 되는 일이었어요. 제가 단원고 아이들을 만나면서 배운 것은 '대가 없이 주고받는 따뜻함'이었어요. 이기적이지 않은 어른이 되고 싶은데, 그게 말뿐인 것도 같아서 고민입니다. 곧 서른이 되는 그 아이들 모두에게, 안부를 묻고 싶네요. 이렇게 안부를 물어주는 사람만 곁에 있어도 세상은 덜 아플 것 같아요.

"안녕, 난 잘 지내. 우리 모두 잘 지내고 있는 거지?"

에필로그
우리는 좋은 어른이
되고 싶어서

보통 에필로그는 맺는 말을 뜻하지만, 다음 세대와 함께 걷는 일은 '늘, 시작'이라는 마음을 갖고 있다. 여전히 그 시작을 미루거나 멈출 수 없는 사회에 우리는 살고 있다. 2025년 3월, 이 계절의 점프는 새로 활동할 장학샘을 선발하거나, 먼저 선발된 쌤들이 전국 지역아동센터에서 아이들과 첫인사를 나누며 활동을 시작한다. 점프가 시작된 2011년의 봄이 그랬고, 지난해의 봄이 그랬고, 올해도 그렇다. 쌤과 아이들의 시작에 생동하는 봄의 기운이 깃들기를 바란다.

장학샘이 되기로 마음먹은 청춘을 만나는 시간은 늘 반갑다. 자신 안의 선한 동기를 끄집어내려 애쓰는 마음이 고맙다. 아이들과 함께하면서 자신이 성장했다고 말하고, 봉사가 '힐링'이었다는 친구가 있었다.

"수업을 하면 잘하는 아이와 뒤처지는 아이가 나뉩니다. 수업을 못 따라오는 아이는 따로 시간을 내서 지도했습니다. 그런 시간이 쌓여 아이들이 달라지는 모습을 보게 됩니다. 혼자였으면 못 할 일을 함께라서 해냈다는 생각에 뿌듯하고, 그런 과정에서 내가 성장했다고 느낍니다."

"급한 일이 생겨 부득이하게 수업에 빠지면, 다음 날 아이들이 다가와 지난 수업에 왜 안 오셨느냐고 묻습니다. 나를 기다려주는 친구가 있네, 다음엔 빠지지 말아야지, 더 성실해야지. 아이들이 마음의 문을 열 때, 표현하기 힘든 감정을 느낍니다. 그게 제게는 힐링이었습니다."

센터 선생님께는 장학샘 선발 면접에 직접 참여하시도록 권한다, 아이들과 잘 맞는 쌤을 선발하는 과정에는, 현장의 경험이 담긴 뾰족한 질문이 나온다. 그중 생각나는 "그동안 좋았거나 싫었던 어른이 있다면, 왜 그런 생각을 했는지 들려주세요." 사람 마음은 다르지 않다. 부족한 나를 믿어줬던 어른은 좋았고, 편견을 갖고 대하거나 애써 꺼낸 나의 이야기를 듣지 않고 무시하면, 싫은 기억으로 가슴에 박힌다. "어른이나 아이나 마음은 똑같아요. 사람에 대한 좋고 싫었던 기억을 잊지 않고 아이들을 대하면, 여러분은 좋은 쌤이 될 겁니다."

다음 면접 때 질문으로 쓰고 싶어서 메모지에 적어뒀다. '아이나 어른이나 마음은 똑같다.' 거기 하나를 덧붙였다. '사람에게 다가가는 마음은 다르지 않다.' 아이의 마음을 혼자 두지 않겠다고 약속하는 어른이 많아졌으면 좋겠다. 반갑게 웃어주기, 곁에 있어 주기, 고민 들어주기, 함께 살아있기…. 일상의 안부가 애써 찾아내야 하는 특별한 말이 되어가는 요즘, 우리만의 방식으로 꼭 그랬으면 좋겠다. 그래서 다정한 삶의 주문을 함께 나누고 싶다. "우린 좋은 어른이 될 거야."

감사의 글

은초롱(점프 대표)

'점프'라는 회사에 처음 출근했을 때 눈앞에 펼쳐진 장면이 기억납니다. 작고 추운 사무실, 세모 모양 책상, 단출한 사무기기. 회사라면 당연히 갖추고 있을 법한 것들이 없던 시절에 저는 공채 1번 직원으로 점프에서 첫 근무를 시작했습니다. 그곳에서 저는 미래 세대를 위해 자신의 재능을 나누는 일을 실천하고 행동하는 많은 사람들을 만났습니다. 설립 초기에 활동했던 장학샘들은 어엿한 사회인 멘토로 돌아와 다음 세대들을 위한 멘토링을 이어가고 있습니다. 이제는 인생의 여정을 서로 응원하는 관계가 되어 점프의 초창기 사무실을 웃으며 추억하곤 합니다. 이 선순환의 실체를 만들어낼 수 있었던 것은 진심을 다해 일하는 동료들과 함께했기 때문입니다. 많은 비영리 조직의 일이 그러하듯 이것은 자격증이 있어야 하는 직업도 아니고 모두가 한 번쯤 들어본 회사도 아니며 늘 누군가에게 길게 설명해야 하는 일입니다. 성공 모델이 정형화된 한국 사회에서 선택하기 쉬운 일은 아닙니다. 그런데도 이 일의 가치를 알고 헌신한 동료들이 있었기에, 이 책에 소중한 이야기들을 담을 수 있었습니다. 그분들에게 감사의 말씀을 전합니다.

점프가 첫 실험을 시작할 때, 진로를 준비하고 고민해야 할 시간을 아낌없이 내어준 김용찬, 신지현, 윤준식, 박희윤. 공정한 교육 기회를 지속 가능하게 연결하기 위한 점프 방법론의 기초를 쌓으며 열정을 다해 몰입의 시간을 함께했던 양소정, 이주미, 조인웅, 홍주은, 김재원. 삼각 멘토링이 더 많은 청소년에게 닿을 수 있도록 확산시키기 위해 전국을 누볐던 최준영, 이유리, 천휘재, 전혜인, 안다연, 전효진, 박정환, 이현정, 박유나, 박지용, 이권민, 박형호, 배일현, 김재완, 황선영, 백하람, 최혜지, 임호정, 신민정, 이경하, 최슬기, 송성아, 김종하, 장희진, 김지연. 인턴으로서 충분한 몫을 다해 준 이진영, 강명성, 제연경, 송원종, 김민정, 이예린, 박푸름, 김은설, 구하라, 기현우, 진수민, 이수민 님께 감사합니다. 도움이 필요한 아이들의 사연과 그들의 눈부신 성장의 이야기에 두 손 마주잡고 긴장하고, 울고, 웃었던, 기뻤던 기억이 생생합니다.

사무국 구성원들의 건강한 성장을 위해 물심양면으로 지원을 아끼지 않으시는 서창범 이사장님, 김난일, 김대식, 김용찬, 이보인, 정해인 이사님, 이상빈 감사님과 국내·외에서 점프의 새로운 가능성을 함께 열어갈 최영미, 한서영, 전종화, 김결, 송수니, 배동혁, 정미화, 정해인, 이지영, 한중교, 팜미린, 김하은, 고수진, 정해민, 황예훈, 박선현, 김현진, 전예원, 송주연, 성유진, 나종인, 민윤홍, 조진희, 한희윤, 박정주, 곽

유진, 김상헌, 이시윤, 이민솔, 윤성주, 이지민, 김소준, 배꽃잎, 아데, 김선하 님에게도 과거와 현재, 미래를 함께할 수 있어 든든하고 고맙다는 말씀을 전합니다. 그리고 우리가 만들어 온 이야기를 세상 밖으로 꺼내어 정성을 다해 글로 담아준 강승민 님께 감사드립니다.

'좋은 어른'은 어떤 모습일까요? '좋은 어른'이 된다는 것은 공동체 안에서 타인을 통해 끊임없이 배우고 성장해 가는 과정이 아닐까요? 개인뿐만 아니라 조직 또한 하나의 생명체로 느껴질 때가 있습니다. 점프 사무국은 '좋은 어른'으로 성장하고 있는 현재진행형의 팀입니다. 현장의 수요자를 중심으로 고민하고 공정한 교육 기회 확산을 위해 필요한 도전을 계속해서 이어 나가겠습니다. 그 자리에서 점프의 미션에 공감과 연대로 함께해 주실 여러분을 뜨겁게 환대하겠습니다.

점프의 마음, 점프의 일

누구나 차별 없이 배움의 기회를 누리고 성장하는 사회는 가능할까?

사단법인 점프(Join Us to Maximize our Potential)는 점점 심화되는 교육격차 문제를 해결하고자 2011년 창립한 비영리 교육 소셜벤처입니다. 점프는 다양한 배경에서 제대로 된 교육받을 기회를 가지지 못하는 청소년들(멘티)에게 교육 기회를 제공하기 위해 대학생 자원 봉사자(장학샘)를 소그룹으로 연결합니다. 장학샘은 자신의 경험과 지식을 멘티와 나누고, 멘티는 장학샘의 돌봄을 통해 배우며 성장합니다.

일방적 수혜가 아니라 서로 배우며 성장하는 구조는
어떻게 만들 수 있을까?

점프는 서로를 통해 배우는 '선순환'을 지향합니다. 장학샘은 청소년에게 멘토가 되어 주는 한편, 다양한 분야의 2050 사회인으로 구성된 사회인 멘토에게 균형 잡힌 인재로 성장할 수 있도록 격려받습니다. 사회인 멘토는 자신의 풍부한 경험을 다음 세대와 나눌 기회를 갖습니다. 점프는 이런 네트워크를 '삼각 멘토링'이라 부릅니다. 이 '삼각 멘토링'을 기본 토대로 하여 점프는 학교, 지역 사회, 공공 및 민간 영역과 협력합니다. 이미 심화된 사회적 불평등과 교육 격차 문제는 단박에 해결되지 않습니다. 점프는 멘티와 장학샘, 사회인 멘토라는 구성원들이 모인

선순환 구조를 통해 견고해 보이는 교육 문제의 벽에 작은 균열을 내고자 합니다. 이를 두 가지 핵심 모델로 설명할 수 있습니다.

▶ 삼각 멘토링 모델

'삼각 멘토링'은 청소년(멘티)-대학생 봉사자(장학샘)-사회인 멘토가 연결되어 미래 세대가 스스로 다음 세대를 돕는 선순환 모델입니다. 이를 통해 진로, 삶 전반의 영역에서 막막함을 느끼는 청소년과 대학생들이 안전하게 미래를 상상하고 성장할 수 있는 지속 가능한 토대가 생겨납니다. 삼각 멘토링 모델은 그 혁신성을 인정받아 구글 코리아가 주최한 임팩트 챌린지 Top 10 선정(2016년), SK그룹이 사회적 가치를 추구하는 기업들의 사회성과를 화폐 단위로 측정하여 현금 인센티브로 지급하는, 사회성과인센티브 IMPACT SPC상(2019년)을 수상한 바 있습니다.

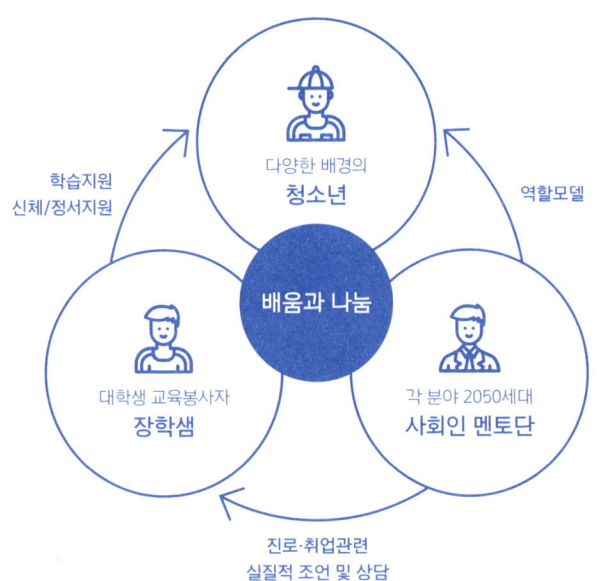

▶ 지속가능한 성장 모델

점프는 참여 주체가 지속적으로 성장하는(Chain-growth), 그리고 사회의 다양한 주체를 연결하고 참여한 모든 주체가 함께 성장하는 (Co-growth) 모델을 추구합니다.

세대간에 일방적인 수혜를 제공하는 교육 모델이 아닌, Chain-growth 모델은 청소년들에게는 청년·대학생을, 청년·대학생에게는 사회인 멘토를 연결해 줌으로써, 참여 주체들이 지속적이고 장기적으로 참여할 수 있도록 설계되었습니다. 어느 한 단계에서 특정 주체에만 집중하지 않고, 모든 참여 주체에게 동기를 부여하고 단계적으로 성장할 수 있도록 돕습니다.

Co-growth 모델은 모든 구성원이 서로가 서로에게 필요한 존재, 서로를 빛나게 해주는 존재로 함께 성장하는 비전을 담고 있습니다. 교육 불평등과 사회 양극화 해소를 위해 정부, 기업, 학교, 재단, 소셜벤처, 지역사회 및 복지기관과 다자간 협업을 하며, 참여한 모든 주체가 성장하는 모델입니다.

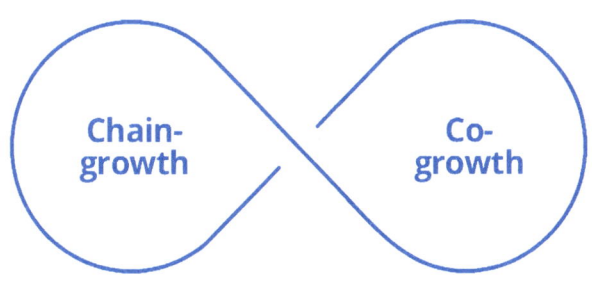

▶ 점프가 만들어 낸 효과

점프는 교육 기회가 부족한 청소년들에게 교육의 기회를 제공하여 학습뿐 아니라 정서적 건강과 진로 결정에 도움을 주고 있습니다. 청년·대학생에게 청소년 멘토링 봉사는 자존감과 성취감을 향상시키고 균형 잡힌 인재로 성장할 수 있는 기회가 됩니다. 또한 청년·대학생 자원봉사자들은 장학금 혜택과 소프트스킬(4C 역량)강화 등의 실제적 효과도 얻을 수 있습니다.

사회인 멘토는 청년·대학생 멘토링을 통해 사회에 공헌한다는 자긍심을 갖게 됩니다. 지역아동센터 등의 학습센터와 지역사회는 점프와의 협업으로 안정적으로 프로그램을 확보할 수 있었고 이는 지역 경제 활성화와 건강한 지역공동체 문화 형성으로 이어졌습니다.

이를 다음과 같이 숫자로 표현할 수 있습니다. 2011년부터 2024년까지 2만 6천여 명의 청소년이 464만여 시간 동안 멘토링을 경험했습니다. 이 과정을 통해 약 756억 원의 청소년 사교육비와 163억 원의 대학생 진로교육비가 절감되는 효과가 발생했고, 128억 원의 지역아동센터 강사 채용 대체 효과가 발생했습니다(2024년).

점프와 함께하는 방법

점프는 교육 불평등 문제를 해결하기 위해 진심을 담아 행동하는 사람들의 모임입니다. 이 '진심'이 만든 일을 함께 만들어 갈 더 많은 '진심들'이 필요합니다.

▶ **대학생 교육 봉사자로 참여하기**

점프는 학교와 생활권 주변의 지역아동센터에서 아이들과 장학샘을 연결합니다. 점프 장학샘은 지역 내 교육 기회가 필요한 청소년에게 학습 및 정서 지원 활동을 통해 다음 세대의 건강한 성장을 돕습니다. 장학샘 활동 기간은 1년 단위이며 주 2회 4시간 이상의 활동을 권장합니다. 점프의 교육 봉사는 다른 프로그램과 비교할 때, 아이들의 학습 동기에 필요한 시간을 충분히 갖고, 긴밀한 유대감을 형성하는 방향을 제안합니다. 장학샘으로 활동하게 되면 장학금(프로그램별로 상이), 사회인 멘토링 연결, 다양한 점프 커뮤니티 프로그램에 참여하는 혜택을 누릴 수 있습니다. 무엇보다 사람을 생각하는 따뜻한 경험을 만날 수 있습니다.

▶ **사회인 멘토로 함께하기**

점프 사회인 멘토는 전문 직업군에서 활동하는 '어른 세대'로서 장학샘을 응원하고 지지하는 역할을 합니다. 사회인 멘토로 선발되면 장학생과 정기적으로 만나 자신이 가진 일의 전문성과 인생 경험을 바탕으로 진정성 있게 다음 세대와 이야기를 나눕니다. 일과 삶에서의 경험, 타인을 생각하는 마음, 더 나은 세상을 향한 기대를 가진 사회인에게 추천합니다.

▶ 후원으로 함께하기

〈초중고사교육비 조사〉(통계청, 2024년)에 따르면, 국내 청소년 10명 중 8명이 사교육을 받지만, 저소득층 청소년의 둘 중 하나는 사교육을 받지 못하는 현실입니다.

소득수준에 따른 사교육비 격차는 걱정입니다. 2024년 통계로 학생 1인당 월평균 사교육비는 월 47만 4천원입니다. 월평균 소득 800만 이상 가구의 학생 1인당 월평균 사교육비는 67만 6천원, 월평균 소득 300만원 미만 가구의 학생 1인당 사교육비는 20만 5천원으로 집계됐습니다. 소득 상위계층 청소년이 학원을 쇼핑하듯 고를 때, 반대편의 아이들은 학원을 보내달라는 말을 꺼낼지 말지, 혼자 고민하고 있습니다. 우리 사회의 소득 양극화가 심각한 교육 격차를 만들고 있는 것입니다. 점프 후원은 청소년의 공정한 교육 기회를 확산하고 다음 세대를 지지하는 좋은 방법입니다. 점프 후원금은 청소년 멘토링 운영, 신규 사업 개발, '너를 응원해' 성장 기금, 지속가능성 등 4개 분류 항목으로 투명하고 책임감 있게 사용됩니다.

점프와 함께하는
다양한 방법 찾아보기 ▶

이 책은 (재)브라이언임팩트(brianimpact.org)의
제작비 지원을 받아 출간하였습니다.

우린 좋은 어른이 될 거야

초판 1쇄 발행	2025년 5월 15일
엮은이	점프
인터뷰	강승민
디자인	위앤드
발행인	임혜진
발행처	옐로브릭
등록	제2014-000007호(2014년 2월 6일)
전화	(02) 749-5388
팩스	(02) 749-5344
홈페이지	www.yellowbrickbooks.com
이메일	yellowbrickbooks@gmail.com

ⓒ 사단법인점프 2025
ISBN 979-11-89363-26-0 (03370)